Monika Kosel · Sati(e)rischer Ernst

Monika Kosel

Sati(e)rischer Ernst

oder wie man's nimmt

Mit Illustrationen
von Renate Strasser

© 2005 Monika Kosel
Illustrationen: Renate Strasser
Satz und Layout: Buch&media GmbH, München
Umschlaggestaltung: Kay Fretwurst, Spreeau unter
Verwendung von Illustrationen von Renate Strasser
Herstellung und Verlag: Books on Demand GmbH, Norderstedt
Printed in Germany
ISBN 3-8334-2328-5

Inhalt

Wie der Distelfink zu seinem Namen kam · 7

Auch nur ein Tier · 10

Die kluge Eule · 13

Die Ursache des Aussterbens einer Saurierart · 16

Die Geschichte vom stolzen Schwan · 19

Genannt: Vielfraß · 22

Bei Fröschkes zu Gast · 25

Die Gerechten · 27

Im Glanze der Sonne · 31

Heuschrecke alias Gottesanbeterin · 33

Gesucht wird … · 37

»Empfehlenswerte Symbiose!« · 40

Im Namen von …? · 43

… weil klüger als die Bevölkerung erlaubt · 48

Die Spinne · 52

Gift heilt! · 55

Der falsche Kauz · 58

Gewußt wie … · 61

Ameisen – nur ein Zwergstaat? · 64

Die Schnecke · 67

Tiermarkt · 70

Gebrüder Hase · 73

Ein – fast verlorenes – Glück! · 76

Das Ergebnis · 79

Auf dem Wege zum Ruhm · 82

Erfolg eintägigen Lebens · 85

Die Prüfung · 88

Der besondere Fall · 91

Nichts mehr zu sagen · 94

Wie der Distelfink
zu seinem Namen kam

Tief im Walde, wo sich kein Mensch hintraut, weil dichte Tannen keinen Einlaß bieten, ist der Aufenthalt aller Tiere. Jedoch sind im Innern des Waldes wieder große freie Plätze, Wiesen und Wege sowie auch Bäche und Seen, so daß die Tiere darin genauso leben können wie die Menschen draußen. Auch schöne Blumen gab es, wovon sich eine hohe stachelige mit rotlilafarbenem Kopfe Distel nannte und sich an einem Bache befand. Auf ihr pflegte ein Fink, ein recht bunter sogar, seine fröhlichen Tagesstunden zu verbringen. Daher wurde er Distelfink genannt. Jedoch war er eigentlich gar nicht so sehr fröhlich, denn er hatte keinen Freund, so oft er sich auch einen herbeiwünschte. Dennoch suchte er nur im Bereich seiner Distel. Doch schien dort niemand zu wohnen, jedenfalls meldete sich niemand. Eines Tages, als die Sonne wieder warm schien und der Distelfink wieder einmal von der Distel hinunterflog zum Bache, um seinen großen Durst zu stillen, kam ihm ein Gedanke: »Du solltest vielleicht auch einmal von deiner hohen Distel herunterkommen und dich im Walde nach einem Freund umsehen, so wie es die andern tun, und dabei siehst du zugleich, wie andere wohnen.«

Und so machte er sich auf den Weg. Auch gefiel ihm sein Name nicht mehr, den ihm nur die fremden Tiere gaben, derer wenige an seiner einsam gelegenen Wohnstätte vorbeikamen. Unterwegs dachte er lange darüber nach. – Das sollte er auch. So fanden es jedenfalls jene Tiere, denen er zu stolz vorkam, wenn sie ihn auf der hohen Distel antrafen, obwohl er das nicht im geringsten damit vorhatte. Er war eben nur auf seine Art fröhlich gestimmt, wenn ihm überhaupt einmal danach war, und das verstanden die andern Tiere nicht. Daher galt er als Einzelgänger. Jedoch schien eine plötzliche Wende zwischen dem Distelfink und den andern Waldtieren, und zwar eine positive, einzutreten, wie folgende drei Begebenheiten beweisen wollen.

1. Geschehnis: Der Distelfink mochte eine oder mehrere Mücken auf dem Rücken eines Rehes gefangen haben, das sich dadurch schmerzbefreit fühlte, er es jedoch nur tat, weil er Hunger hatte. Schon geht es im Walde herum als gute Tat und wird er somit geehrt. Der Distelfink staunte!

2. Geschehnis: Er spricht etwas vor sich hin, jedoch nur zufällig und nicht, um jemandem gleichzeitig damit geholfen zu haben; wieder wurde es zum Gespräch im Munde aller waldbewohnenden Tiere und wieder erfolgte Anerkennung. Es herrschte abermalige Verwunderung beim Distelfink.

3. Geschehnis: Er hörte jemanden etwas sagen, welches er auf sich bezog und glaubte, dieses unbedingt befolgen zu müssen. Jedoch bekam er nie zu hören, gar nicht mit dieser Belehrung gemeint gewesen zu sein, und die Tiere ihrerseits erfuhren nie, daß dem Distelfink jene Zurechtweisung zu Ohren kam. – Nur das Schicksal weiß davon.

Seit jenem Tage jedoch wird er von den Tieren nur noch Stieglitz genannt und sucht er nur noch selten seine Distel auf, das heißt nur noch im Herbst, wenn ihre Samen reif sind.

Glück kommt von ungefähr

Auch nur ein Tier

Wenn im Walde jemand krank geworden zu sein schien, dann war das betroffene Tier schlecht dran. Es hieß nämlich, daß ein aus dem Umkreis stammendes Lebewesen seinerseits dann dem Kranken gänzlich zur Verfügung stehen würde und sich dieses damit in den Wald einschlich als ein Bewohner selbiger Büsche und Bäume. Auch wenn es gerade oder gerade weil es ein den dortigen Tieren fremder Artgenosse war, schenkten sie ihm zwar nicht gleich großes Vertrauen, waren ihm jedoch auch nicht ganz abgeneigt; und so ließen sie es seines angeblichen Amtes walten, egal, was es mit den Kranken anstellte. Egal war den Waldbewohnern auch, wer von ihresgleichen starb. Es blieben ja die meisten Tiere anonym, und so bildete sich bislang keines der waldbewohnenden Tiere ein Urteil über jenen Fremdling. Erst als die Sterblichkeitsziffer unter ihnen rapide stieg, machten sie sich Gedanken, denn noch waren die Tiere im ungewissen, was oder wer daran schuld war, daß der Wald langsam seine Bewohner verlor, jedoch kam unter ihnen auch immer mehr der Verdacht auf, daß der fremde Artgenosse dahintersteckte; und dieser war es auch!

Dafür jedoch waren nachfolgende drei auch seine letzten sogenannten Amtshandlungen, die das fremde Tier im Walde an den zum Teil inzwischen zutraulich gewordenen Tieren beging, falls sie krank waren: Weil es ihm fremd vorkam, sich vom Nagen an Bäumen zu ernähren, bezeichnete es den einzigen Biber dieses Waldes als unnormal, welches ihm dieser nach längerem Zögern auch glaubte und eine Änderung seiner Ernährungsweise versprach, denn er wußte ja nicht, daß die Biber in den anderen Wäldern genauso lebten wie er. Dieses war jedoch anderen Waldtieren bekannt, und so belehrten sie ihn eines Besseren, so daß er nach und nach wieder seine alte Ernährungsgewohnheit aufnahm und dem fremden Tier dennoch verzieh – während jedoch das sonderbare, von außerhalb stammende Tier schon weit fort war.

Jenes trieb woanders im selbigen Walde bereits erneut sein Unwesen. Woanders hieß, daß das von Amts wegen kommende Tier sich zur Zeit bei einem kleinen wilden Bienenschwarm befand, wo eine merkwürdige Krankheit eine Biene nach der andern befiel. Sie bestand aus Verlust des Riechorganes. Unter jenem Bienenschwarm herrschte jedoch geteilte Ansicht über den fremden Besuch; positiv lautete sie, so jemand habe bestimmt auch besondere Fähigkeiten, und zu seinen Ungunsten hieß es, »auch nur ein Tier« zu sein. Schließlich jedoch ließen sie sich von ihm beraten; und so verordnete es den Honigbienen zynisch, selbstverständlich nicht nur immer von Süßem leben zu dürfen mit der Begründung, um sie herum wachse Nachtschatten genug, von dessen Blättern sollten sie sich ernähren, denn diese Pflanze enthalte ein Heilmittel zur Wiederkehr ihres Riechorganes. – Wie der Biber paßten sie sich der Verordnung jenes fremden Tieres an, und wie beim Biber richtete es erneut große Verwirrung bei den übrigen Waldtieren an, denn der Bienenschwarm verfiel einer tiefen Ohnmacht, wovon er nur durch besonders aufmerksame Tiere wieder befreit wurde. Ihnen tat es leid und sie versprachen, sich bei eventueller Wiederkehr jenes Fremdlings bitter an ihm zu rächen; nicht jedoch der Bienenschwarm. Dieser verzieh ihm, wie der Biber.

Seine jedoch letzte Amtshandlung beging das fremde, sonderbare Tier an einem Fuchs: Dieser konnte schlecht sehen. Dem Rotschwanz ihre Hilfe anzubieten, ließen die sich zu rächen versprochenen Tiere jedoch bei diesem lieber. Sie wußten nämlich, daß er – jedenfalls bisher immer – sich schon zur Wehr setzen werde, ja – keiner es besser könne als er. Und richtig: Weil er zu dünn und abgemagert war auf Grund seiner stark nachgelassenen Sehtüchtigkeit, d.h. dadurch keine Nahrung mehr fand, riet ihm das von Amts wegen kommende, durch den Wald streunende Tier, sich von ihm einmal in die Pupillen schauen zu lassen. Der Fuchs ließ es zu und wartete ab. – Kaum jedoch machte das selbstsichere Tier den ersten Versuch, schnappte der Fuchs – es wußte keiner, ob nur um Luft zu holen oder gar doch, es nicht mehr lebend zu dulden – auch schon zu.

Das fremde Tier verhalf dem Fuchs insofern zu seinem Besten, daß es ihm nicht nur schmeckte, sondern ihn obendrein wieder sehend machte, besser als je zuvor. – Ward es also doch zu wenigstens etwas fähig …

Die kluge Eule

Einst herrschte großer Aufruhr im Walde. Es hieß, es solle endlich Schluß mit dem vielfachen, gegenseitigen Raubmord sein; und so veranlaßte die Eule, die als Weiseste des Waldes galt, ihre Untertanen zu einer Gesetzesbildung gegen jene Missetat, über welche allseitige Empörung herrschte.

Schließlich wurde eines Nachts, als es für die Waldtiere hieß, aus jenem Anlaß nicht nur als Nachttier aufzusein, der Beschluß des Eulenrates verkündet. Er lautete für jene Waldbewohner nüchtern, aber sachlich, sich ab sofort nur noch vegetarisch zu ernähren, wobei zu bemerken sei, daß die Eule sich darin ganz zum Schluß zählte. Über dieses Gesetz entstand, wie erwartet, allgemeine Unruhe in den erst so gespannt darauf gewartet habenden Bewohnern des Waldes, welche bis in den Morgen andauerte und sie darüber hinaus ihren nachzuholenden Schlaf folgenden Tages vergaßen; denn dieses Gesetz verstand ein großer Teil nicht, und so wollten sie Beispiele.

»Nun gut«, sprach die Eule, »dem Wolf sei zum Beispiel verboten, Rehe zu jagen und Schafe zu reißen.«

»Gut«, sagte dieser, »ich komme auch mit Pflanzen und Beeren, wenn es sein muß, aus.«

»Weiter!« riefen die wie auf Kohlen sitzenden Waldtiere.

»Dann wäre da der Fuchs«, zögerte die Eule. »Diesem sei untersagt, seinen Hunger durch alles Geflügel zu stillen. Lieber soll er noch mit einer Maus vorliebnehmen, wenn nicht sogar sich nur mit Obst und Pilzen zufriedengeben.«

Obwohl dem Fuchs auffiel, daß wenigstens ihm erlaubt war, auch Fleisch zu sich nehmen zu dürfen, gab zwar er sich, wie gewünscht, zufrieden, jedoch nicht mehr der Wolf, und die meisten anderen Tiere auch nicht; und sie wollten wissen, warum das so sei. Schließlich lebe gerade die Maus bescheiden und sei normalerweise Vegetarier.

Gesetze
darf die Obrigkeit
machen wie sie will

»Sie stiehlt sich ihre Nahrung aber größtenteils bei den andern Bewohnern und zählt daher zu den Schädlingen!« kam die schnelle Antwort der Eule. Dagegen blieben die anderen Tiere zwar bei einem »… dennoch«, die Eule jedoch fuhr fort: »Dann sei da das Eichhörnchen erwähnt. Es hat mit seinen Eicheln, Bucheckern und Nüssen genug zum Sattwerden und braucht nicht noch auf Eiersuche zu gehen.« Das wollte dieses zwar durchaus nicht verstehen, obwohl es jedoch wußte, was es bisher tat und in Zukunft zu unterlassen hatte.

Es sprach daher zur Eule: »Was guckst du mich dabei so groß an? Ich fresse doch gar kein Fleisch!«

»Aber werdendes Fleisch!« entgegnete die Eule. »Es seien dir jedoch«, so sprach sie weiter, »die Eier schädlicher Vögel belassen.«

Damit gab sich jetzt zwar das Eichhörnchen zufrieden, jedoch nicht die betroffenen Vögel, und viele andere Tiere auch nicht, welche deshalb fragten und fragten, bis man zum Beispiel auf die Spinne, der ähnliches mit ihrem Netz galt, und schließlich zu guter Letzt noch auf die Mücke zu sprechen kam, welche doch als Schmarotzer im ganzen Wald bekannt war, weil sie jedem Tier, um sich zu ernähren, Blut aus den Gliedern saugt. Darauf jedoch konnte die Eule, die nun wohl doch an sich selbst denken mußte und um die Rede schließlich zu beenden, sagen, weil sie keine andere Erklärung mehr wußte: »Ausnahmen bestätigen die Regel!«

Das löste die ganzen Gesetze wieder auf, und jeder im Walde ging, mit oder ohne Mißbehagen der Eule, seinen alten Gewohnheiten nach. Die Eule tat dasselbe – jedoch schon immer …

… sie hatte ihrer Würde doch Treue zu verleihen wie bisher. Ja, je höher man steht …

Die Ursache des Aussterbens
einer Saurierart

Im allgemeinen bekannt von den Echsen, jedoch ferner ebenso unter den Regenwurmliebhabern im Walde, ist die Eidechse. Sie pflegt, sich reichlich von den besten Regenwürmern, die der Wald bietet, zu ernähren, denn das gilt als der Eidechse Leib- und Magenspeise. Es ist nur zu hoffen, daß auch immer genügend an Regenwürmern vorhanden ist. Was jedoch geschehen soll, wenn dem einmal nicht so sein sollte, ließe zu wünschen übrig.

Es war an einem heißen Sommertag, als sich jeder Waldbewohner nach einem Schattenplatz umsah und manch einer sogar sehr suchen mußte. Darunter befand sich auch ein Saurus. Er suchte hier, er suchte dort. Es war, wie gesagt, sehr schwer, besonders für solch eine große Echse, wie er war. Als er schließlich einen Platz fand, bewegte ihn ein neuer Gedanke, und er fragte sich: »Was fressen wir nun?« Jedoch muß man wissen, daß er am liebsten Regenwürmer fraß und es von seiner geliebten Kost, jedenfalls seiner Regenwurmart, derer einst so reichlich vorhanden war, nichts mehr gibt. So sehr er sich auch bei den andern Tieren danach erkundigte – sie konnten ihm nicht helfen, weder noch welche finden noch zu einer anderen Kost raten, obwohl er, weil er sich nie etwas zuschulden bei den übrigen Waldbewohnern hatte kommen lassen, deshalb auch sehr beliebt war. Auch achtete er sehr die Gesetze und fraß nicht, was verboten war an Getier. Ja, man könnte viel Gutes über ihn erzählen, und doch – blieb die sehr baldige Todesfolge nicht aus, und er starb somit eines ungerechten Todes. Er starb, den infolge Auffressens nicht mehr existierenden Regenwürmern seiner Art folgend, ebenfalls aus. So der Saurus.

Dagegen wollte es die Eidechse, eine kleine Verwandte des Saurus', besser machen. Der Tod auf Grund einer solchen Leidenschaft hätte ihr gerade noch gefehlt. (Regenwürmer machten sich anfangs auf dem Gelände der Eidechse strafbar, so daß

Existenz wird beklagt

Existenz ist gefragt

Existenz ist gewagt

Existenz hängt von anderen ab

17

sie bei Durchwühlen selbigens gefressen werden mußten, später durch ein besseres Gesetz nicht mehr.) Wenn auch die Eidechse zuerst nicht dran glauben wollte, so mußte sie es jedoch bald, denn – und das galt jeder Eidechse –, wenn sie dabei noch einmal gesehen werden sollte, einen Regenwurm zu fressen, wird sie den Geiern zum Fraße vorgesetzt, welche zur Zeit sich nichts lieber wünschten und schon gierig auf jede Eidechse starrten. Diese jedoch, die Eidechsen, davon die meisten jedenfalls, sehen sich mehr als bisher vor, nicht dabei entdeckt zu werden, denn nach wie vor gilt es als Straftat, Regenwürmer zu fressen oder sie zu töten.

Es mögen durchaus schon Eidechsen unvorsichtig gewesen sein und Geier sich gefreut haben über jene Kost …

… der größte Teil der Eidechsen jedoch lebt im Augenblick noch …

Die Geschichte
vom stolzen Schwan

Wie es oft der Fall ist, duldet nicht gerade jeder in seinem Bereich einen Fremden, der nicht seinesgleichen ist. So zum Beispiel geschehen bei den Wildenten im Walde: Ihren immerhin großen See sich mit anderen Wassertieren zwar teilend, jedoch keinen Vogel außer sich auf jenem Gewässer ertragend. Umso verwunderlicher war es für sie einst, zwischen ihren ausgebrüteten Eiern einen grauen Vogel statt ebenso braun-gelben Jungen vorzufinden, wie die anderen sechs es waren. Kopfschüttelnd nahmen sie es zur Kenntnis. Allerdings, weil sie nichts mit diesem anzufangen wußten, verstießen sie ihn, weil er angeblich mißraten war, jedenfalls ihnen in keiner Weise glich. Wäre er ihnen, den offensichtlich in sich verbohrten Wildenten, nicht schnellstens entwichen, hätte der graue, junge Vogel schwerste Diskriminierungen und Mißhandlungen auf sich nehmen müssen. Sein Instinkt jedoch verriet ihm jetzt schon, ein intelligenter Vogel zu werden, der nur im Augenblick noch unbeholfen war, weil er noch ein Junges und somit unerfahren war.

So störte es ihn auch wenig, wenn ihm Waldbewohner, denen er fremd erschien, offenbar Vorwürfe ob seines Aussehens machen wollten. Vornan das Wiesel: Weil das graue, junge Tier sich unwissend in dessen Wohnbereich verirrt hatte und zum Suchen nach seinesgleichen keine Kraft mehr besaß, blieb es tagelang an ein und derselben Stelle sitzen, und das Wiesel ließ nicht davon ab, bei seinen täglichen Rundgängen seinen Hochmut durch herabsetzende Worte an ihm auszulassen. Sei es, daß das sich klüger dünkende, weil von teurem Pelz behaftete Tier den Vogel als »Herumtreiber«, »Schmarotzer« oder »Analphabet« bezeichnete oder ihm auf Grund seines Flaumkleides einzureden versuchte, sich endlich zu waschen – immer endete sein Satz seltsamerweise mit den Worten: »Ein Schwan ist mir zehnmal lieber.« Ebenso immer erwiderte der dem Wiesel fremd vorkommende Vogel: »Sie werden sich noch einmal umgucken!«

Nach längerer Zeit entfernte er sich jedoch aus dem Hoheitsgebiet des Wiesels, und, querdurch auf einen anderen See stoßend, glaubte der inzwischen gewachsene Vogel nicht recht zu sehen. Mit einem Blick ins Wasser staunte er über seine Veränderung und sah sich noch lange sein Spiegelbild an, bis er von einer Schar großer, weißer Vögel mit stolzem langen Hals umgeben war und von ihnen noch obendrein verehrt und gebeten wurde, ob seiner Schönheit ihr König zu werden. Was für Vögel das waren, konnte man schnell bei jenem hochnäsigen Großgrundbesitzer, dem Wiesel, erfahren: Es waren Schwäne, in derengleichen sich auch der seiner Kindheit entwachsene einst graue Vogel verwandelt hatte, und welche diesen vor dem von hoher Arroganz besessenen Tier warnten.

Jenes Wiesel inzwischen, das bereits lange den vermeintlichen Nichtsnutz vermißt hatte, glaubte schon nicht mehr an dessen Existenz, vergaß ihn deshalb schnell und erkannte ihn nicht; und gerade, weil er sich bei einer Begegnung mit dem offenbar zu Recht stolzen Schwan an diesen nicht mehr erinnern konnte, machte es ausgerechnet diesem große Komplimente und erzählte ihm unter anderem immerzu – wie vom Schwan geahnt – von einem großen, grauen Vogel, von welchem er das ganze Gegenteil sei.

Das ließ die anderen Schwäne in Erstaunen geraten, und so fragten sie das Wiesel: »Was soll derjenige tun, der diesen unseren König beleidigt?«

Das Wiesel, nicht lange zögernd: »Von allen unseren den Wald bewohnenden Tieren verachtet zu werden!«

»Dann haben Sie das vollauf verdient!« kam die spontane Antwort des Sprechers unter den Schwänen.

Das Wiesel schaute vielleicht dumm drein. – Es verstand diese Bestrafung einfach nicht … Sich erinnern? Aber nein! An was denn?

… Was jedoch soll man gegen solche tun, die so dumm sind, daß sie ihre Bestrafung nicht begreifen? … Heißt es nicht doch, daß auch Dummheit bestraft werden müsse? Noch heute jedenfalls weiß das sich zur höheren Schicht zählende Wiesel nicht, warum solch ein Urteil …

Wenn es nach dem Schwan gegangen wäre, der sich einst zu

den Mißratenen zählte – er hätte dem Wiesel schon längst verziehen … Nun jedoch umgibt ihn von allen Seiten Stolz und Würde. – Zu Recht!

Genannt: Vielfraß

Wieder einmal ging von der höchsten Stelle im Wald ein Gebot auf die Bewohner hernieder. Es ging nämlich um das Sauberhalten beziehungsweise Säubern des Waldes. Damit waren auch die vielen Wiesen mittendrin gemeint, die verschiedenen großen Tieren gehörten, welche eine individuelle Macht über wiederum kleinere Tiere hatten und auszuüben glaubten. Schließlich ging es ja um das Ausstrahlen der Persönlichkeit eines jeden Tieres – und das wollte schon etwas heißen!

Großes Ansehen erwerben wollte sich dort vor allem der Luchs. Er kam nicht vom Glauben ab, in dieser Beziehung besonders klug zu sein. Auf seiner Wiese sollte sich kein Ungeziefer und kein Abfall von den Bäumen, ja, nichts, gar nichts mehr befinden außer schönen Blumen im Sonnenlicht. Weil es jedoch zutraf, daß er bei seiner Kontrolle auf eigener Wiese aus weiter Entfernung ein etwas größeres Tier erspähte, welches, schon der Größe nach, unmöglich ein übliches Insekt oder sonstiger ihm bekannter Schädling war, beeilte er sich flugs, jenes Tier von nahem zu sehen. Dieses hielt auch ganz still – ja, es wartete nur darauf, von jemandem gesehen und – bitte! – aufgenommen zu werden. Es war noch ein Junges, welches offensichtlich keine Eltern mehr hatte und diese wohl suchen mochte. Der Luchs unterdessen, im Glauben, ein Marderkind auf seinem Gebiet entdeckt zu haben, schien sich seiner annehmen zu wollen. »Das kommt mir gerade recht!« dachte er, und so überlegte er, wie jenem das Umhersiedeln auf seiner Wiese auszutreiben wäre, denn in Wahrheit mochte er diesen Gast nicht. Zum Glück wußte er auch, was Marder fressen, und daß sie eigentlich kleine Räuber sind, und sagte zu ihm: »Du sollst es gut bei mir haben. Geh' und kehre die Wiese von Abfällen rein; nimm notfalls, wenn deine vier Beine nicht ausreichen sollten, den Schwanz zu Hilfe. Danach will ich dich beköstigen.« Das marderähnliche Tier tat, wie ihm Befehl war. –

Der Luchs kontrollierte und war's zufrieden. Dafür durfte das Tier von Marderart sich an dem ganzen tierischen Wiesenbefall von Insekten ernähren – und war's ebenfalls zufrieden. So ging es tagaus, tagein – von Frühjahr bis Herbst –, das ganze Dreivierteljahr über. Der vermeintliche Marder jedoch wurde zusehends größer und war nahezu wie ein Bär. Auch sein Fraß war enorm. (Jedoch das sei dazu gesagt: weil er es sollte.) Schnell eilte die Zeit an ihm vorüber, und er konnte nicht mehr dem Luchs dienen, sei es mit Säubern von Abfällen oder dem Fressen von Tieren, die der Luchs auf seiner Wiese nicht duldete, ja, dieses schon gar nicht mehr. Eine versuchte Flucht gelang auf Grund jener Größe dem unerwünschten Gast nicht. Er hatte sich nämlich andererseits wieder in den Augen des Luchses bewährt.

Schließlich stand der Winter vor der Tür, und es wurde von der Obrigkeit des Waldes beraten, welchem Waldbewohner die größte Anerkennung zuteil werden solle auf Grund seiner Pflege die ganzen neun Monate lang. – Nach langem Debattieren fiel endlich die Entscheidung; und richtig: Die große von allen geschätzte, mit Spannung erwartete Anerkennung fiel auf den Luchs! Der war's voll und ganz zufrieden, verriet jedoch keinem, wie raffiniert er es angestellt hatte, denn er wußte sehr wohl, daß sein Mittel dazu kein reines war und gegen das Gesetz verstieß. Danach jedoch fragte ihn keiner mehr.

Wie mochte es aber dem marderähnlichen Tier mit Bärenhunger ergangen sein? Nun – er wurde ob seines vom Luchse anerzogenen Mengenfraßes, wovon ja kein Tier etwas erfahren sollte und er von sich aus niemandem erzählen wollte, von allen Tieren im Walde auf Grund vielen Fressens verachtet und verschmäht, so daß er traurig in die im Norden liegende Tundra abwanderte. Dort lebt er noch heute. Nun jagt er zwar größere Tiere, wie viele Tundrabewohner, frißt jedoch nicht mehr als die übrigen Tiere jener Steppe. Nur sein Name, den ihm die bösen Tiere vom Walde mitgaben, erinnert noch an sein einstiges Schicksal; unterliegt jedoch einem großen Irrtum aller seiner Nachkommen: Sein Herkunftsname war Vielfraß – eine Marderart.

Bei Fröschkes zu Gast

Ihr riesiger Wald hatte für sie, die tierischen Bewohner, an der Südseite auch einen See, der sommers wie winters warm war, weil die Sonne hier kaum jemals hinter Wolken verschwand. Somit war fast immer blauer Himmel. Jener See jedoch war ausschließlich Eigentum der Frösche. Jawohl – der großen Familie Fröschke; der Firma Fröschke & Co.

Schon lang ist's her, daß Fröschkes als kinderloses Ehepaar aus dem Walde von den Tieren verdrängt worden waren, weil sie immerzu nur von großem Kindersegen träumten. Deshalb auch, weil dieses im ganzen Walde publik gemacht wurde – offenbar wieder einmal von solchen, die gern auf sich aufmerksam machen wollten –, pflegte man bei Wunsch nach einer Kindermenge untereinander es dem jeweiligen Tier auszureden mit den Worten: »Sei kein Frosch!« Da zogen Fröschkes an den südlichen Waldrand, um die gewünschte Kinderschar dort in aller Ruhe wider alles böse Gerede an jenem See zur Welt zu bringen. Dieser See war auch noch unbewohnt von jedem Getier. Das freute natürlich die Fröschkes und so sorgten sie für einen ständigen Kindersegen, bis es an dem Ufer nur so grünte von Fröschen. Und so kam es zur genannten Firma Fröschke & Co.

Sie war eine Art Urlaubsgesellschaft, die ständig in ihrem Revier Gäste empfing, welche Erholung suchten und von gleicher Schicht und Größe waren wie sie, die Frösche. »Tiere, die Ärger bringen, nicht erwünscht!« stand auf den Schildern rund um den See. Im allgemeinen jedoch kamen schon von selbst die zu ihnen passenden. »Kommen Sie an meine grüne Seite«, war die Empfangsmelodie eines jeden Frosches zu seinem Gast. Es hatte sich nämlich dank noch solider und zufriedener Waldbewohner der Sitz der Frösche doch relativ schnell als ideales Paradies herumgesprochen. Das Angebot jedenfalls war kein eintöniges: Wer nicht unbedingt Sonnenbäder im Sitzen oder Liegen auf Moospolstern nehmen wollte, konnte auf Seerosenblättern über das Wasser dahingleiten, sich Schwimmunterricht erteilen lassen, wie es zum Beispiel die Wasserratten taten. Auch wer einer Genesung durch Moorheilbäder bedurfte, war bei Fröschkes nicht an falscher Adresse. Sogar ein Sommernachtsball stand auf ihrem Programm zur Blütezeit der Sumpfschwertlilien, die dann den ganzen See umgaben und mit ihrem weitreichenden Duft zu einem großen Fest einluden.

Neugierige jedoch gibt es überall; und so mußten auch hier einige von den Unerwünschten unbedingt einmal ihre Nase zwischen den dichten Schilfzaun zwängen. Gerade schon deshalb solche, die vorher durch widersinniges Gerede über die Frösche sich klüger vorkamen, weil sie ihren Reichtum nicht wahrhaben wollten. Ja, Fröschkes waren welche von denen im Walde, die das meiste Kapital hatten. Das sorgte natürlich für viele Neider, das heißt jene Schaulustige. Allen bösen Sprüchen zum Trotze jedoch machte Herr Fröschke vor ihren Augen einen nun erst recht kühnen Sprung ins Wasser und verschwand mit den ironisch, fast zynisch klingenden Worten: »Tja, Frosch müßte man sein!« in seinem See.

Die Gerechten

J üngst war eine Sitzung über Gerechtigkeit!
Wer im Walde viel zu sagen hatte, waren die, welche sich die
»Regierung« nannten, wer dagegen wenig: die Gottesgläubigen.
Die Regierungsanhänger unterlagen dem Adler, der Majestät des
Waldes, und die Gottesgläubigen nur der einfachen Ringelnatter.
Während dem Adler meist höhere Tiere angehörten, waren es
bei der Ringelnatter größtenteils einfache, niedere Waldbewohner. Diese beiden Gruppen konnten sich kaum jemals einigen,
ja, man könnte sagen, es war bei ihren Zusammenkünften fast
immer ein Unterschied wie zwischen Tag und Nacht, so zum
Beispiel bei der – offenbar letzten – Sitzung, in der sich die Gottesgläubigen bei der Regierung darüber beschwerten, daß die
Anhänger dieser regierenden Macht sich durch zunehmendes
und grobes Sündigen an der minderen Waldbewohnerzahl, welche Gott wohlgefällig sein wollten, hervorzutun versuchten. Sie
wollten nicht länger von den – oft nur scheinbar – Höheren gedemütigt werden. Beispielsweise gaben diese ihnen nichts zu fressen, obwohl sie höflichst darum gebeten hatten. So geschehen an
einem schon rauhen Herbsttag, als die der Ringelnatter angehö-
rende gläubige Maus den Hamster unterwegs traf und bat, ihr
etwas aus seinen Backentaschen zu geben, sie finde nichts mehr,
jedoch bei dessen Weigerung glaubte, sich wenigstens von seinen herabfallenden Futterresten etwas nehmen zu können und
es gutgläubig auch tat. Als dieses jedoch der Hamster dem Adler
erzählte, wies dieser erzürnt den Vorsitzenden der Gottesgläubigen, die Ringelnatter, zurecht, indem er sich von einer so fromm
sein wollenden Maus den Diebstahl verbat, das heißt der Ringelnatter Vorwürfe auf Grund ihrer Gottesgläubigkeit machte. Jene
nahm es als begangenen Diebstahl hin, ermahnte die Maus, welche sich für schuldig bekennt und verspricht, es in Zukunft zu
unterlassen, was sie auch einhält. Die Ringelnatter weist jedoch

den Adler darauf hin, daß Zeugen sahen, wie auch der Hamster das Futter fremden Wiesenbesitzes und darauf befindlicher Insektennahrung sich zu eigen machte, und fragte das Oberhaupt der Regierung, ob etwa dieses kein Diebstahl sei. »Doch!« kam die spontane Antwort des Adlers, »aber wir sind auch keine Gottesgläubigen!«, und er empfahl der Ringelnatter mit gutem Beispiel voranzugehen, um zu beweisen, daß es einen Gott gebe. Jedoch wollte die Ringelnatter noch einmal auf den Hamster und ihre Maus zu sprechen kommen und fragte den Adler, wenn auch vergebens: »Die Maus stammt doch aber vom Hamster ab und er gibt sicher Verwandten nicht einmal etwas?«, der Adler erwiderte sofort: »Und die Ringelnatter trägt die Identität der Schlange in sich, welche bekanntlich die Urheberin aller Sünden war!« Jedoch vollzog sich prompt eine Wandlung im Hirn des Adlers; er erbat sich bei der Ringelnatter Bedenkzeit, und so wurde die Sitzung, wie sich beide einigten, auf unbestimmte Zeit verschoben. In dieser sollte der letzte Versuch gemacht werden, wie beide Gruppen der Waldbewohner – Gottesgläubige und Regierung – miteinander klarkommen, oder ob nicht doch irgend jemand sein der andern Partei mißfallendes Verhalten mit dem Tode bezahlen solle. Es fragte sich nur, wer gerechter handelte …

So trug es sich eines abermaligen Herbsttages zu, daß der Wind ein trockenes Blatt, eventuell in Größe und Farbe einer Maus gleichend, als seltenes Vorkommnis ausgerechnet auf das Gelände des Hamsters trieb. Dieser glaubte auch sofort, die Maus, welche der Ringelnatter angehörte, betrete sein Wohngebiet. Weil jedoch auf sein Schimpfen hin das für einen Moment liegengebliebene Blatt vom Wind zufällig von ihm fortgetrieben wurde, schien es dem Hamster erst recht die Maus gewesen zu sein. Dieses teilte er umgehend dem Adler mit, und dieser zog die Ringelnatter erneut zur Rechenschaft, indem er sie auf die Abmachung hinwies. Die Ringelnatter jedoch erklärte ihm, daß die Maus es nicht gewesen sei und fügte hinzu, als sie das Ratlosigkeit zeigende Gesicht des Adlers sah: »Wir sind auch bereit, Irrtümer hinzunehmen.« Dieses schien der angeblichen Majestät des Waldes wieder Mut zur Hoffnung auf neues Übel zwischen sich und der Ringelnatter gegeben zu haben, denn ihn störte offenbar immer noch deren Existenz; und so trennten sich beide nach drei wortlosen Sekunden wieder.

Nichtsdestotrotz wollte sich auch schon die zweite Ungerechtigkeit anbahnen: Auf Grund einiger Erledigungen kehrte die Ringelnatter für einen Augenblick ihren Eiern den Rücken. Jedoch
begab es sich, daß ausgerechnet mir nichts, dir nichts, fröhlichen
Muts der Hamster mit voller Wucht über jene Kostbarkeit schritt
und diese gänzlich zertrat. Den Vorwurf der Ringelnatter nicht
duldend, verlangte der Adler erneut eine Entschuldigung von
dieser, was das Vergehen der höheren an der niederen Waldbevölkerung anging. Mit Rücksicht auf ein Versehen von seiten des
Tunichtguts sagte sie: »Wir sind bereit, auch Opfer zu geben.«
Die Entschuldigung jedoch genügte dem Adler offenbar noch
nicht, und er fragte die Ringelnatter: »Sind Sie also bereit, Ihr
Leben aufzugeben?« – »Wir sind auch bereit, unser Leben aufzugeben«, seufzte diese. Dieses waren auch die letzten Worte der
Ringelnatter, denn im nächsten Augenblick fiel der Adler über
das wehrlose Tier her und fraß es auf. – Ebenso war jenes auch
die dritte und somit letzte Ungerechtigkeit.

Seitdem sieht Ihre Majestät, die Regierung, ihre Freiheit größer geworden und die Macht, ihr Auge in den kleinsten Winkel der Rechte aller Waldtiere werfen zu dürfen.

Die Gottesgläubigen dagegen, von denen nur noch ein paar geblieben und seitdem ohne Oberhaupt sind, stören die Regierungsmitglieder nicht mehr. Ihre Anhänger, derer genügend den Wald beherrschen, werden diese geringe Menge schon noch unterdrücken, bis es keine mehr von ihnen gibt.

Jedoch sei ganz zuletzt noch erwähnt, was auf dem schon verrotteten Kreuz der Ringelnatter von ihren Anhängern in fast nicht mehr lesbarer Schrift geschrieben steht: »Gerechtigkeit hat Grenzen. – Ungerechtigkeit nie!«

Im Glanze der Sonne

M it dieser relativ kurzen Geschichte sei kurz an das Gewissen aller Betroffenen appelliert.

Der Goldfasan-Mann ist bekanntlich von üppigem Federschmuck, das Kleid der Hennen dagegen nur eintönig braun. Darin jedoch, wie sie lebten, speziell die Fasanenfrau, zeigte sich eine Schwäche, die in verschiedenen Leuten tief verborgen ist:

Das Fasanenpaar galt als übertrieben vornehm, unter anderem insofern, als es zum Fressen sich nicht etwa mit hochbetagten Spinnen, die ihrem Herrn nicht mehr dienen konnten, zufriedengab, sondern nur nach fetten Raupen Ausschau hielt. Ihr Argument dazu lautete, das seien nur Schädlinge. Jedoch erkannte längst nicht jeder Waldbewohner dieses als Grund an, und so bekam das Fasanenpaar ein Verbot, Raupen zu fressen, mit dem Hinweis, daß die Maden von unnützen Fliegen genausogut schmeckten; jedoch wohlgemerkt nur von Fliegen, die es nicht lassen können, Krankheiten zu übertragen, denn das sei kriminell und diese daher zum Tode verurteilt, und derer gab es immer reichlich.

Offenbar hatte der Goldfasan vergessen, daß aus einer Raupe ein Schmetterling hervorgeht (was an Gelerntem durchaus nicht alles im Kopfe haftenbleiben braucht). Verständlich! Seiner Frau, der Fasanenhenne jedenfalls, war es völlig unbekannt. Gerade sie jedoch liebte es zu sehr, sich von Schmetterlingen im Glanze der Sonne umgaukeln zu lassen, während ihr Mann auf Futtersuche war.

Schließlich also kam eines Tages der Herr Goldfasan zu seiner Frau heim ohne Raupen und unterbreitete ihr das schon relativ lang erlassene Verbot des Raupenfressens. »Mann«, sagte die Henne, »tu es doch heimlich.« – »Das geht nicht, Frau«, sagte dieser, weil er sich nicht strafbar machen wollte, und schließlich kam es zur Trennung zwischen beiden.

Wie jedoch in den Augen der Fasanenfrau, so sind für viele

Leute gerade die Schmetterlinge die schönsten Tiere und die Raupen die allerschlechtesten. Sie können oftmals durch ihren Hochmut nicht erkennen, daß es eines vielleicht erst langen Weges bis zur Entwicklung eines reifen Wesens bedarf, dieses jedoch als ein Wundertier überrascht, das den eingebildeten Hohen bis zu zehnmal überragt. Nur braucht das eben seine Zeit, welches offenbar der Sich-klüger-Dünkende bloß nicht wahrhaben will …

… Wie die Fasanenfrau mit sich zurechtkam, ist nicht bekannt; auch nicht, ob sie ihren Mann lieber wollte als immerfort sich von Schmetterlingen umgaukeln zu lassen, nochzumal sie nun auf eigene Futtersuche angewiesen war. – Merken sollten sich Betroffene, die jenem Vogel gleichen: Raupen werden zertreten, Schmetterlinge für besser befunden …

Wer jedoch erkennt sich schon als dieser, wenn er im Glanze der Sonne lebt?

Raupen werden zertreten…Schmetterlinge für besser befunden

Heuschrecke alias Gottesanbeterin

Es gibt viele Arten von Heuschrecken. Eine Art davon wurde auf Grund ihrer erhobenen Vorderbeine von vielen Waldbewohnern »Gottesanbeterin« genannt. Auf einer Wiese, die mitten im Walde lag, lebte eine solche. Vertrauensselige Tiere glaubten nämlich, jene Verhaltensweise gelte Gott. Nur deshalb wurde dieser Heuschrecke der Ehrenname »Gottesanbeterin« zuteil. Jene Heuschrecke jedoch nahm es gelassen zur Kenntnis und ging ihrer alten Gewohnheit nach. Wohlgemerkt, sie verstand nichts davon. Ganz anderer Auffassung dagegen war man bei ihresgleichen, den übrigen Heuschrecken. Sie hatten nämlich auf ihrer letzten Tagung beschlossen, wer sich für welche Tätigkeit seinem Charakter nach am besten eigne, und so fiel auf eine ihresgleichen der Titel »Wächterin der Wiese«. Privat blieben sie alle Heuschrecken. Das allerdings wußten ihrerseits die gutgläubigen – ja, man möchte sagen, leichtgläubigen – Tiere nicht, denn so kam es zu folgenden Begebenheiten:

Streng, wie jener Beruf es von ihr verlangte, lag sie auf Lauer nach Übeltätern. Ja, hierbei konnte man seinen Charakter so richtig zur Geltung bringen. Privat dagegen ist nicht immer alles gestattet; und so saß betreffende Heuschrecke reglos am Wiesenrand, möglichst noch im Schatten, denn es war Sommer und die Sonne schien an jenem Tag nicht mit Licht und Wärme zu geizen. Das zog natürlich die Tiere im Walde heraus aus ihren Unterkünften und schon hatte es das Aussehen, als wolle ein Käfer sich Zutritt zu der Wiese verschaffen, die ausschließlich den Heuschrecken vorbehalten war. »Halt, stehenbleiben, kehren sie sofort wieder um! Hier geht es für Sie nicht weiter!« kam es prompt aus dem Dunkeln hervor, und mit erhobenen Vorderbeinen kam die Heuschrecke auf den Käfer zu. Dieser sah zwar erschrocken drein, gab jedoch kühn zu verstehen: »So verhält sich aber keine Gottesanbeterin!« und kehrte kopfschüttelnd um.

Das tue ich beruflich

Zur Mörderin

Die Wächterin jedoch gab zu verstehen: »Das habe ich beruflich getan. Privat bin ich nur eine einfache Heuschrecke!«

Es dauerte nicht lange, da sichtete die Wächterin auf einer Blume ein Tier von Schmetterling, das anscheinend ungestört den Nektar genoß. »Wer hat Ihnen das gestattet? Sie sind auf der Stelle festgenommen!« hörte der Schmetterling eine energische Stimme unter sich aus dem Grase ertönen. »Eine Gottesanbeterin so geizig und ungnädig?« fragte mit zitternder Stimme der Schmetterling zurück und fiel von der Blume direkt in die erhobenen Vorderbeine der Wächterin. »Das habe ich beruflich getan. Privat bin ich nur eine einfache Heuschrecke!« kam die Entschuldigung für jenes Verhalten von dieser und nahm den angeblichen Übeltäter zu sich in Gewahrsam, wo sie ihn als Gegenleistung einige Zeit hungern ließ.

Noch immer in den Augen einiger Waldbewohner als Gottesanbeterin geltend, wollte das Schicksal, daß eine Libelle über dem Wiesenbach, der zum Eigentum der Heuschrecken ebenfalls

34

zählte, hin- und herschwebte und dort offenbar auch – unwissend, versteht sich – illegal wohnen mochte. Die Wächterin von Heuschrecke jedoch, kaum die Libelle entdeckt, allerdings schon schwach, weil sie einfach keine Nahrung fand durch ständiges Wachen, konnte nur noch ein paar Sprünge in Richtung jenes Fremdlings machen und fiel erschöpft zu Boden. »Glauben Sie, mich zum Narren halten zu können, nur weil ich schwach auf den Beinen bin? Ihre Zuwiderhandlung werde ich meinen Kolleginnen melden, damit diese Sie von unserem Grundstück vertreiben. Hier hat niemand etwas zu suchen, der nicht unseresgleichen ist; egal, ob zu Lande, zu Wasser oder in der Luft!« – »Als Gottesanbeterin nimmt man aber nicht dem andern seinen Frohsinn am Leben. Wie vereinbart sich das mit dem Glauben?« wollte die Libelle wissen, und ehe sie sich versah, war sie auch schon von einem Schwarm, der der angeblichen Gottesanbeterin glich, umgeben, um über sie herzufallen und sie zu vertreiben. Dagegen die Wächterin der Wiese – sie konnte gerade noch sagen: »Das habe ich beruflich getan. Privat bin ich nur eine einfache Heuschrecke!«, als sie von jenem Amte abgelöst wurde und offenbar wieder ihrem Privatleben nachgehen konnte. Jedoch schienen damit zwei Probleme auf sie hinzuzukommen. Das eine war, ein Männchen zu finden, denn es war unter den Heuschrecken Begehrungszeit, und das andere Problem war der Hunger. Sie hatte nämlich keine Nahrung den ganzen Tag über zu sich genommen, weil ihr Amt unentwegte Wachsamkeit erforderte, und so stellte sich jene Heuschrecke in eine geschützte Ecke, um mit erhobenen Vorderbeinen nach einem Männchen Ausschau zu halten. Es dauerte auch nicht lange, bis eines in ihr sein Vertrauen fand und schon ging zwischen beiden eine Begattung vonstatten. Neben dieser genossenen Liebesromanze jedoch plagte der Hunger die beruflich als Wächterin der Wiese tätig gewesene Heuschrecke immer mehr; und auf Grund ihrer Erfahrungen mit den anderen Tieren, worüber sie noch ab und zu nachdachte, glaubt sie auch, nun die richtige Verhaltensform zum Hungerstillen gefunden zu haben: Blitzschnell eilte sie mit ihrem Männchen auf dem Rücken zu ihrer Aufsichtsstelle zurück, um es dort zu verspeisen. Sie glaubte einfach, dies sei der richtige Umgang mit ihrem Männchen – und auch dem Hungerstillen. Nur – was sie von den übrigen Waldbewohnern zu befürchten hatte, traf auch ein. Als sie nämlich erblickten, was für ein Ende das Heuschreckenmännchen erleben mußte, ging es wie ein Lauffeuer im Walde herum: »Gottesanbeterin brachte ihr Männchen um!« Aller tierischen Weisheit über sich zum Trotze jedoch machte sie jetzt erst recht von ihrem Argument Gebrauch, mit welchem sie ihr Verhalten gegenüber den Wiesenfrevlern immer zu entschuldigen pflegte: »Das habe ich beruflich getan. Privat bin ich nur eine einfache Heuschrecke!« – Wer weiß auch schon, daß die »Gottesanbeterin« eine Fangheuschrecke ist?

So steht sie bis auf den heutigen Tag immer noch mit erhobenen Vorderbeinen, wenn sie nach Beute Ausschau hält, und so bleibt sie für bestimmte Tiere im Walde immer noch die Gottesanbeterin …

… und was das Auffressen des Männchens angeht: Aus ihrer Tätigkeit als Wächterin der Wiese hatte sie gelernt: »Eine Tat kann noch so schlimm sein – beruflich muß man sie begangen haben …«

Gesucht wird …

Für ausgeführte Arbeit soll es auch den angemessenen Lohn geben, und so gibt es für leichte Tätigkeit offenbar geringen Verdienst und im Gegensatz dazu bei schwerer Arbeit viel. Unlauterer Wettbewerb hatte bei den Tieren unerwähnt zu bleiben, das heißt, daß auch dieser vorkam: So jedenfalls ging es bei den tierischen Waldbewohnern zu. Es ging nämlich im Walde ein Gerücht umher, daß man beim Bären für schwere Arbeit jedoch auch sehr hohen Lohn bekommen könne.

Während im Walde jeder den andern davon warnte, diese Stelle anzunehmen, wollte dagegen der Dachs sich den Hinweis nicht zweimal sagen lassen und suchte den Bären auf. Es hieß nämlich erfahrungsgemäß, daß man bei jenem schnell altere oder krank werde, wenn nicht sogar sterbe, und sterben – das wollte der Dachs doch zu gerne, denn er hatte im Leben schon viel Kummer erlitten, so daß sein einziger Wunsch nur noch der Tod war; und sich das Leben zu nehmen, darauf kam bei den Waldtieren in der Regel keines.

Beim Bären angekommen, gab es nur eine kurze Begrüßung, und ran an die Arbeit ging's! Der Bär galt als steinreich, so daß er auch mehrere Bewohner des Waldes hätte einstellen können. Weil jedoch einfach niemand zu ihm kommen wollte, fragte er den Dachs in herzlosem Ton, ob er denn keinen zweiten Mann für bei seiner Arbeit vorkommenden Schichtwechsel mitgebracht habe. Als dieser bedauerte, niemanden dafür zu wissen, drohte ihm der Bär dafür mit gnadenloser Tag- und Nachtarbeit. Der Dachs ließ es gut sein, indem er erwiderte: »Gern!«, denn ein Nachttier war er sowieso, und den Schlaf als Ausgleich am Tage brauchte er schon lange nicht mehr, und so bewies er Fleiß noch und noch. Umso hitziger jedoch wurde der Bär und trieb ihn immer mehr an. Er glaubte nämlich, weil der Dachs nicht den geringsten Mißmut zeigte, die Arbeit falle ihm zu leicht, und meinte zum Dachs, er sehe noch keineswegs dem Ende entgegen, es warte noch eine ungeahnte Menge an Arbeit auf ihn. (Es muß hinzugefügt werden, daß leider diese Menge niemand schaffte, auch er, der Dachs, nicht. Jedoch, was von des Bären Reichtum an verdientem Lohn für die verlangte und vom Dachs ausgeführte Arbeit gedacht war, dessen hatte ebenfalls bisher keiner bedurft.)

Es wäre nicht der Mühe wert, all die schweren, gefährlichen oder auch unehrenhaften Arbeiten beim Namen zu nennen. Nur soviel sei gesagt, daß der Dachs zwar nicht das zehnfache Soll des Bären erreichte, wenn man nach dem bisher schnellsten Tier geht, welches ihm diente, jedoch das nahezu siebenfache. So steht bis auf den heutigen Tag der Dachs mit seinen Leistungen unübertroffen beim Bären vornan. – Er, der Dachs, hatte offenbar sein Ziel erreicht: Kraftlos brach er zusammen; und der Bär – er war fein raus: Sprachlos stand er da. Einen solchen Arbeiter hatte er noch nie gehabt! Allerdings schien die Freude nicht lange zu währen, denn alsbald meinte dieser Nimmersatt von Bär: »Ein solcher Arbeiter könnte es immer sein!«

… Werbung im Walde: »Gesucht wird …«

Arbeit führt zum Ziele,
gesucht werden Opfer

»Empfehlenswerte Symbiose!«

A ls »Herr Allwissend« galt im Walde der Igel; ehemals als netter Erklärer den Tieren alle Fragen, so gut es ging, stets gern beantwortend, wenn sie ihm unterwegs begegneten. Weil sie ihn, einen ihrer liebsten Mitbürger, jedoch seit relativ langer Zeit nicht mehr zu Gesicht bekamen, beunruhigte dies die Waldbevölkerung, und so kam eines Tages Prominenz zum Igel zu Besuch, um besorgten Gemütern vom Walde über ihn zu berichten.

»Fühlen Sie sich nicht mehr in der Lage, auf Grund Ihres natürlich anstrengenden Forschens und Studierens einer außerhalb Ihres Wohnreviers bestehenden Tätigkeit nachzugehen?« fragte majestätisch der als bekannteste Prominenz vom Walde geltende Auerhahn. »Ich arbeite nur noch im Ruhestand«, erwiderte der Igel, welcher durch professionelles Schaffen seinen Namen »Herr Allwissend« von den Tieren erhielt. »Und wie sieht das aus?« fragten erstaunt hinzugekommene Tiere, so daß der Auerhahn nicht zu Worte kam. »Ich habe mit vielen Tieren ein Abkommen geschlossen und sehe mich daher verpflichtet, dieses, sofern es sein muß, zu überwachen.« Gespannt hörten jene Herbeigeeilten zu, was das bloß sei, und der Igel setzte seine Rede fort: »Als da wäre zum Beispiel die Maus. Sie hilft mir, daß in meinem Wohnbereich nicht alles an hauptsächlich Zweigen und Geäst herumliegt, indem sie dieses für ihre Wohnung sammelt. Damit ist mein Revier gleichzeitig aufgeräumt und sie hat eine kostenlose angenehme und bequeme Behausung.«

Aufmerksam hörten die Tiere zu, und der Igel erzählte weiter: »Mein zweiter Vertrag dient dem, wie ich mich ernähre. Weil gerade auf meinem Revier für die Nahrungslieferanten, unseren tüchtigen Waldbewohnern, Halbzeit ist auf ihrem kilometerweiten Weg, lasse ich sie während ihres Verschnaufens eine erhebliche Menge ihrer Ware bei mir ablegen, weil sonst jene Früchte verderben würden. Damit habe ich sie, nicht schuldbewußt ob

verdorbener Ware, mit nur noch halber Last ihres Weges ziehen lassen und ebenso mich selbst satt bekommen.«

Nun seinen luxuriösen Garten den darüber staunenden Tieren begründend, das heißt wie er in dessen Besitz kam, fuhr der Igel fort: »Einen weiteren Kompromiß habe ich mit dem Maulwurf geschlossen. Dieser nämlich hält meinen Boden immer locker und verteilt zugleich den Samen meiner vielen Pflanzen ordnungsgemäß. Da muß ich ihm schon einen Platz gratis bieten.«

Dennoch – Schmarotzer sind beim Igel fehl am Platze. »Warum aber«, wollte der Auerhahn wissen, »verfügen Sie über soviel Brieftauben, was nicht heißen soll, daß Sie sie bei Ihrer großen Wissensverbreitung nicht brauchten?« – »Ganz einfach!« erklärte der Igel, »sie alle wollen von mir geographische Grundkenntnisse erteilt bekommen, welchem Wunsch ich gerne nachkomme.«

»Das hört sich ja alles gut an«, waren der Auerhahn und die zuschauenden Tiere einer Meinung. »Das waren einige meiner Abmachungen von vielen, welche alle vertraglich geregelt sind. Man muß eben aus allem das Beste machen«, sagte der Igel, und schon konnten die vielen Waldbewohner ein fünftes Abkommen im Werden mitverfolgen: Weil der Igel, oder Herr Allwissend, nicht mehr der Jüngste war, mußte er einen Teil seines Reviers anderen Zwecken zur Verfügung stellen. Dieses jedoch war zugunsten seiner wie auch zugunsten der Waldbevölkerung. Zum Vorteil der Waldbewohner insofern, daß ein Weg angelegt werden sollte, der vielen von ihnen Umstände erspare und sie schneller zum Ziele führe, und zum Vorteil seiner, des Igels, beschloß man, jenen Weg nach ihm zu benennen. Dieses Erlebnis beruhigte die zuschauende Tiermenge, derer inzwischen immer mehr geworden waren, weil sie alle schon zu lange unterwegs das Antreffen des Igels vermißt hatten und heute nicht genug bekommen konnten von seinen Erzählungen, wie sein Lebensplan mit anderen Waldbewohnern abläuft.

Lobend nun konnte der Auerhahn sagen: »Welch empfehlenswerte Symbiose! Und hiermit – das versichere ich Ihnen – haben Sie Ihren Doktor gemacht!«

Manch einem scheint das Glück wirklich in den Schoß gefallen zu sein, wie unserem Igel. Man muß es eben nur beim Schopfe packen, wie er mit etwas Freundlichkeit – und die andern tragen neidlos dazu bei!

Im Namen von ...?

Singend dankte sie Gott; dankend sang sie zu Gott gen Himmel ...

Oh ja, die Nachtigall war ein frommes Tier und sah sich gerade wieder einmal dazu verpflichtet. Schließlich sah sie zuvor eine an Gott gerichtete Bitte als erfüllt an. Diese hatte das Aussehen einer offenbar Vermittlungsperson sein wollenden Möwe zwischen ihr, der Nachtigall hoch auf dem Baume und einer drunten im Bach schwimmenden Forelle. Ja, passender ging es gar nicht, wie die Nachtigall und genannter Fisch es fanden, denn keiner von beiden wollte näher mit dem anderen in Berührung kommen. Das heißt, daß es zwar noch eher die Nachtigall zur Forelle könnte, aber weder diese noch jener Vogel es für angebracht hielten. Die Nachtigall wußte es zwar selbst nicht so recht, jedoch hatte sie irgendwie Angst vor der ihr nicht ganz wohlgesonnenen Wasserbewohnerin. Nein, jeder wollte in seinem Revier bleiben. Dagegen die wie gerufen angeflogen kommende Möwe konnte bekanntlich sowohl fliegen wie die Nachtigall als auch schwimmen wie die Forelle. Sie hatte den scheinbar sorgenvoll vor sich hingesprochenen Wunsch jenes Fisches gehört und sah sich als dazu Geeignetste. Bis jedoch die Möwe erkannte, daß die Forelle betreffs Raffinesse nicht ganz ohne war, ließ auf sich warten.

»Das geschah im Namen Gottes, nur dem ist euer Besuch zu verdanken«, hörte die Möwe die Nachtigall hocherfreut sagen. »Aber nicht doch! – Das habe ich ganz allein von mir aus getan«, wollte die Möwe ihre gefiederte Kollegin verbessern, welche jedoch von ihrem Glauben überzeugt war, und abermals sang sie dankend gen Himmel. »So ist es recht«, sagte sich im stillen die Forelle auf des Baches Grund, »mein Vorhaben scheint seinen Anfang genommen zu haben.«

»Was führt mich zu Ihnen?« fragte die sich seriös verhalten wollende Möwe, indem sie sich auf einen hohen Stein in halber

Höhe zwischen den beiden Parteien niederließ, so daß es weder dem einen Schwierigkeiten bereitete, seinen Kopf nach oben zu drehen, noch dem anderen, seinen Hals hinunterzurecken. »Einigkeit und Recht und Freiheit!« meldete sich daraufhin die Forelle zu Wort. »Ich habe das alles«, entgegnete jedoch die Nachtigall, »nur meine Bachbewohnerin schätzt sich als daran mangelnd ein. Ich jedenfalls danke täglich Gott dafür.« – »Was mich dagegen stört!« fiel prompt die Forelle der Nachtigall ins Wort. »Sie sind sich also mit der Nachtigall nicht einig, daß sie das Recht auf Freiheit hat«, versuchte die Möwe der Forelle Klage zu interpretieren. »Wenn Sie es so sehen wollen?« antwortete jetzt kleinlaut jener Fisch zur Möwe. »Ja, ja, an einen Gott zu glauben, ist nicht jedermanns Sache«, sagte Einigkeit schaffen wollend daraufhin die Möwe, abwechselnd zum Baume hoch- und zum Bache hinunterschauend. Sofort auch stimmten diesen Worten sowohl Nachtigall als auch Forelle zu, nur – daß es wieder jeder von beiden anders sah. Die Nachtigall sah ihre Freiheit darin wieder, ihren großen Schöpfer zu verehren und sang auf Grund dessen sofort zum Himmel. Die Forelle dagegen erkannte es als Recht, Störungen außernormaler Art nicht hinnehmen zu müssen und sagte zur Möwe verzweifelt: »Da – hören Sie, jetzt geht die nutzlose Tonabgabe schon wieder los!« Nicht weniger gespannt war sie nun dabei, was die Möwe diesmal rechtens sagen wird. Jedenfalls glaubte die Forelle, jenen Fremdling, das heißt die Möwe, schon erziehen zu können, damit die Nachtigall auf nun mal ihrem, ja, des Vogels, Baume ihr Gesinge einstellt.

Die Möwe nämlich brachte der Nachtigall eine kleine Gabe in Form eines Regenwurmsortiments. Daran konnte letztere sich so richtig abreagieren statt einen Gesang von sich zu geben, so daß sie dadurch offenbar keine Kraft mehr für auch nur einen Ton besaß. Gern sah die Forelle diese gute Tat der Möwe gegenüber der Nachtigall nicht, aber sie war froh, daß für eine Weile Ruhe war. Schon wollte sie der Möwe dafür danken, wie gut sie doch alles zu ihrem, der Forelle, Wohlgefallen tue. »Ganz, wie ich es mir von Ihnen vorstellte«, als auch schon selbiger Vogel abwehrte: »Das war meine ureigenste Idee!« Jene Worte ebenfalls vernommen, schien unsere Nachtigall wieder unruhig und wagte einige Töne gen Himmel, denn sie war abermals von ihrem Gott überzeugt, daß dieser den guten Gedanken in der Möwe Hirn gab.

Dergleichen ähnliches mehr spielte sich eine Woche lang ab. Wie zum Beispiel das oftmalige Kreischen der Möwe auf Grund einer Unterhaltung mit der Nachtigall oder gemeinsames Fliegen mit selbigem Vogel; ebenso das simple Zweigebrechen von dem Bach umgebendem Dickicht … Langsam machte sich irrtümlicher Stolz in der Forelle breit, denn sie übersah bei genannten Beispielen, daß auch die Nachtigall davon Profit haben sollte. So glaubte sie, das Kreischen der Möwe gelte zum Übertönen des Nachtigallgesanges, denselben Grund habe das zeitweilige Fortfliegen beider Vögel, das heißt fernab von ihr nur noch hörbare Stimmen. Dagegen das Gebüsch zu lichten solle dem Zweck des Sonnendurchdranges auf ihren Bach dienen. Dieses geschah jedoch hauptsächlich zum Nestbau der Nachtigall.

Allmählich allerdings wurde sie, die Forelle, immer skeptischer. Sie wußte nicht mehr so recht, wie sie sämtliche Handlungen der Möwe sehen sollte. Ja, ihr Leitwort: Einigkeit und Recht und Freiheit … Jene drei Tiere schienen sich nicht einig zu sein, das Recht auf Freiheit zu haben. Jedenfalls schien es der offenbar von Unmut befallenen Bachbewohnerin nicht der Fall zu sein. Schließlich wollte sie ja die vielen guten Taten der Möwe als dieser so anerzogen zu haben sehen, das heißt gegen die Nachtigall und somit »in ihrem Namen« gehandelt zu haben. Genau das jedoch ließ die Möwe nicht zu, sondern machte es sich zu eigen; und dieses ließ die Forelle Böses ersinnen.

»Geschwommen ist sie noch gar nicht, geflogen dagegen schon viele Male!« sagte sich die Forelle, die Möwe sich langsam durchs Gedächtnis gleiten lassend. Somit kam ihr ein Gedanke, der folgendermaßen aussah: »Das beste ist, sie in meinen Bach einzuladen zu einem scheinbaren Gelage. Mal sehen, was ihr davon am meisten imponiert!« So sprach sie und setzte ihre Idee in die Tat um, indem sie die Möwe zu sich rief.

Fragend stand diese am Bachesrand und hörte intensiv zu, was die Forelle ihr da wohl Wichtiges zu sagen habe. »Darf ich Sie bitten, mein Gast zu sein? Meine Einladung erfolgt auf Grund ihres vielen Handelns in meinem Namen, was die Nachtigall betrifft. Hiermit biete ich Ihnen einiges Auserlesenes, einige Würmer, Insekten, Schnecken und vor allem …« Und schon passierte es … erstgenannte Speisen zwar nicht verschmähend, jedoch spontan sich auf die, wohlgemerkt, mit viel List am auffälligsten servierten Eier der Forelle stürzend, glaubte die Möwe diese als ihre Belohung. Allerdings – noch ehe sie auch nur ein Ei in ihren Schnabel bekam, stoppte jene Gastgeberin von Forelle dieses Vorhaben energisch. »Was gestatten Sie sich, meine Eier zu fressen? Mein ganzes Leben hängt an diesem Segen, und Sie wollen mich um mein wertvollstes Produkt so einfach bringen? Verlassen Sie sofort meinen Bach! Jetzt haben Sie auch einmal etwas von sich aus getan. Jawohl, in Ihrem Namen geschah dieses kriminelle Verhalten!« konnte nun die Forelle gut vorbereitet sagen. »Das geschah einzig und allein in Ihrem Namen. Sie hatten es so gewollt!« empörte sich schließlich die Möwe und verließ eiligst das Gewässer und die raffinierte Person von Forelle. Jener verwunderte Vogel bekam nämlich außerdem angedroht, den Fall dem »obersten Fisch, wenn auch weit weg unten im See« zu melden. Der werde ihn schon von dort verdammen.

Endlich konnte diese Bachbewohnerin von Forelle auch einmal eine Tat in ihrem Sinne sich zuschreiben, ganz so, wie sie es schon lange wollte: Von einem anderen etwas Negatives verlangen, dessen jedoch dieser selbst allein schuldig ist und bleibt! Besonders bei solch einem Tier wie die Nachtigall, welche nach wie vor, nun vielleicht zum Trotze der Forelle, ihren Gesang weit ertönen läßt.

Viel läßt sich nicht mehr erzählen. Die Möwe ließ gute Wünsche an die Nachtigall zurück, nur das konnte sie noch für ihre Artgenossin tun. – Ja, in wessen Namen geschah was? Sich im klaren darin war auf jeden Fall die Nachtigall. Nur sie war noch immer im Glauben, das geschehe im Namen Gottes, wenn ihre gefiederte Kollegin das Weite suchen muß, und vertraute ihre Betrübtheit ob solch würdelosen Ausgangs diesem, ihrem Gott an. Nein, sie konnte ihn nicht mehr verstehen … Vielleicht jedoch sorgt er eines Tages für eine große Erleuchtung, so daß sie auch das Verhalten der Forelle als Rechtens sieht. Dieses als Ziel vor Augen läßt sie gen Himmel singen Tag und Nacht …

… Sing, Nachtigall, sing …

47

… weil klüger als
die Bevölkerung erlaubt

Hinter einem großen Berg mitten im Walde wohnen Tiere besonderer Art im Gegensatz zu den übrigen auf weiter Fläche. Dort nämlich hat das Rotwild sein Revier, in Form einer Klinik mit dem Namen »Zum gütigen Hirschen«, welche jedes Tier aufnimmt, das sich irgendwie seelisch in Not befindet. Jene Klinik jedoch ist zugleich eine konfessionelle Stätte, in der strengerer Gottesglaube anerzogen wird als anderswo im Walde. Nun verträgt sich deren Geist nicht mit dem derer hinter dem Berg, all der anderen Waldbewohner. Darum auch muß immer mehr oder weniger mit Schwierigkeiten gerechnet werden, wenn einer, der vom Hirschen betreut worden war, sich jenseits über den Berg in die ach so sündige Tiermasse begeben wollte.

Zu den Tieren, die des Hirschen Erziehung genossen hatten, zählten Bewohner quer durch den Wald, egal, welchen Milieus, und sie starben auch zu 99 Prozent auf seinem großen Gut. Nur ein Tier, das im Walde der höheren Gesellschaft angehörte, wagte sich über den Berg. Es war der Nerz. Er hatte keine Angst vor dem, worüber er betreffs der anderen Waldbevölkerung von den Klinikbetreuern unterrichtet worden war. Die Klinik zum Beispiel wurde von den Waldbewohnern als Irrenstätte verschrien. – Zu Unrecht, wie der Nerz wußte, von dessen Begleiterscheinungen bei seinem Jenseitsbesuch einige genannt werden sollen.

Er ging gerade besonnenen Schrittes vor sich hin, und weil ihn der Hunger plagte, betete er zu Gott, ihn zu einem Platz mit Nahrung zu führen. Kaum jedoch, als er sich satt gegessen hatte und Gott dafür dankte, kam auch schon eine Stimme vom Baumstamm herab: »Halten Sie des öfteren Selbstgespräche?« – »Ich habe Gott um Nahrung gebeten«, kam die Antwort des Nerz', nach oben schauend. Dort einen Specht erblickend, hörte er diesen ironisch sagen: »Schlagen Sie doch Löcher mit Ihren scharfen

Zähnen in die Stämme so wie ich mit meinem Schnabel. Dann finden Sie Würmer in Fülle.« – »Ich habe mich tierischer Kost abgewandt, weil ich kein Mörder sein will«, entgegnete der Nerz und schritt weiter, während er noch den Specht über sich schimpfen hörte, ob dieser nun etwa als Mörder gelten solle, wogegen er, der Nerz, nur nach Beeren greife; und kopfschüttelnd nahm der Specht sich vor, von jenen seltsamen Verhaltensweisen unseres Klinikentwichenen im Walde zu berichten. Woher der jedoch diese hatte, wußte der Specht dagegen nicht.

Es dauerte nicht lange, da kam dem Nerz temperamentvolle Musik zu Ohren: »Haben Sie schon mal im Dunkeln geküßt?« und er entdeckte im Grase eine Grille. »Haben Sie mich nicht gehört?« rief beleidigt diese dem Vorbeigehenden nach. »Ich liebe keine Liebeslieder, ich bin mit Gott verbunden und verehre nur dessen Melodien«, antwortete jener mit einem Rückblick zur Grille. »Ein vornehmer Nerz so bescheiden?« gab spöttisch die Grille zu verstehen und gab jenes ihr eigenartig vorkommende Argument den andern Tieren weiter. Aber sie konnte sich nicht erklären, wie er auf dieses kam.

Auch die dritte Begebenheit ließ nicht lange auf sich warten. »Vogelbeerschnaps, unser Lustigmacher! Ein Glas gratis«, ertönte es abermals von einem Baum herunter. Einen Blick hinaufwerfend sah der Nerz direkt in die Augen einer Haselmaus, welche ihm zurief, in schon angetrunkenem Zustand: »Sie sollten nicht solch ernste Miene machen. Zehn Gläser stimmen auch Sie um.« – »Erstens bin ich nicht ernst, und zweitens trinke ich nur den Saft der von Gott geschaffenen Früchte«, lauteten die Worte vom Nerz. Weil sie das letzte Wort haben wollte, erklärte die Haselmaus: »Erstens sind das unsere Früchte, und zweitens ist dieser Saft ja in unserem Schnaps enthalten!« – »Ich distanziere mich aber von jeglichem Alkohol«, hörte die Haselmaus noch die endgültige Absatze des Nerz'. Die für sie komische Auffassung mußte sie jedoch unbedingt weitersagen im Walde.

Als letztes Beispiel sei da noch folgendes Ereignis genannt: Als er einen See erblickte, glaubte der Nerz, er habe seinen Durst nicht so lange zu spüren bekommen wie den Hunger, den er sich bekanntlich durch Beeren stillte. Das allerdings ergab sich anders. Es kam nämlich prompt ein Fisch an die Wasseroberfläche, nachdem wiederum dieser den Nerz entdeckt hatte.

Er mochte der Größe nach einer der Mitbestimmenden vom See sein. Jedenfalls sah er mit Mißbehagen dem unentgeltlichen Trinken seines Wassers durch den Nerz zu. Er wollte daraufhin mit ihm einen Kompromiß schließen. Der Nerz sollte nun auch genauso viele Kinder auf die Welt bringen, »so wie ein Fisch es tut!«. Dieser Worte genug gesagt zu haben, glaubte der Nerz, indem er erwiderte, zum Fisch gewandt: »Ich heirate nicht, weil ich Gott ein Gelübde ablegte, stets auf den Wert meiner Unschuld zu achten.« Solch einer Meinung zu sein, war und blieb dagegen dem Fisch fremd. Er erzählte dieses jedoch im Wald den andern Bewohnern – wie es die drei Tiere vor ihm taten.

Noch einiges wurde im Wald über den Nerz laut, so ferner, daß er Dummen soziale Hilfe leisten und Bestraften wieder auf die rechte Bahn verhelfen wollte …

… bis schließlich eines schönen Tags sein Weg vor Gericht zu enden schien. Dieses stand nämlich eher der Bevölkerung bei als auf der Seite des Nerz', indem es ihm folgendes zu verstehen gab: »Sie haben Ansichten, die uns sagen, daß Sie in eine Heilanstalt gehören.« – »Wieso denn das?« fragte der Nerz erstaunt auf Grund dieses Verweises. »Weil Sie klüger sind als die Bevölkerung erlaubt!« kam die unlogische Antwort des Gerichts; es erfüllte damit den Wunsch seines Waldvolks, welches sich an ihn gewandt habend, froh ob solcher Verkündigung, in höhnisches Lachen verfiel und diese Stätte hinter dem Berg als geeignetsten Aufenthalt für den angeblich unnormalen Nerz bestätigte …

Frage: Ist das etwa kein gerechtes Urteil? Der Nerz war wieder zu Hause. Dagegen seine Neider glaubten ihren unerwünschten Gast dort in der Irrenstätte zu wissen …

… So jedenfalls ist zur Zeit der Trend …

Die Spinne

a) Der Spinne Freud

Wie es manchmal das Schicksal will, ist jemand Gutes, Hilfreiches durchaus nicht immer schön im Aussehen. Zu solchen Tieren zählte im Walde auch die Spinne. Sie kam, wenn man sie brauchte, jedoch traute ihr manch ein anderes Tier nicht gleich. Es galt eben erst, zu überzeugen, und so bot sie sich hier und da an, mit ihrem gesponnenen Netz all die Insekten einzufangen, durch welche sich die übrigen Waldbewohner belästigt fühlten.

So geschah es eines schönen Sommertages, daß ein Iltis sie bat, der sie auf einem ihrer Wege entdeckte, doch die vielen Mücken und Fliegen und Wanzen und was sonst noch für unangenehmes Getier ihn befielen, in ihrem Netz einzufangen. Sie habe bei ihm doch wohl gesehen, daß er ihr darin immer reichlich gedeckten Tisch servieren könne. Dennoch tat sie es weniger darum, um ein Fressen zu haben, sondern mehr, um zu helfen. Man muß jedoch dazu wissen, daß er, der Iltis, eigentlich zu den Höheren gehörte, die zwar glaubten, daß die Spinne in ihrem Insektenfang eine große Kunst besaß, jedoch wegen ihres unschönen Aussehens auf sie herabsahen, und bei ihm viel gute Nahrung zu finden, war bloß eine Ausrede, die ihn plagenden Tiere loszuwerden. Das hatte die hilfreiche Spinne schon lange gemerkt und sagte: »Wenn du mir gegenüber ein bißchen mehr Freundlichkeit zeigst, will ich es tun.« Er tat also und schon kam sie, spann das Netz und lockte die Schädlinge durch Überreden zu sich hinein. – Der Iltis war von seiner Plage befreit und die Spinne freute sich ihrer guten Taten: »Tja, vor mir muß sich noch manch ein Hoher beugen.« Somit waren's beide zufrieden. Jedoch …

Fleiß geht vor Schönheit

Hungersnot

Spinnen gibt's viele

b) Der Spinne Leid

... blieb es nicht lange dabei. Man muß nämlich ebenso wissen, daß dieser Iltis auch ab und zu mal eine Spinne fraß. Daran jedoch dachte die Spinne schon lange nicht mehr. Allerdings – weil sie wußte, zeitlebens unschön sein und bleiben zu müssen, dagegen der Iltis ein höheres Wesen und voller Pelzpracht war, wollte sie sich heimlich von ihm entfernen. Das merkte dieser jedoch und bat sie zu bleiben. »Wozu ein dieses?« fragte die Spinne, denn schließlich war es inzwischen sehr kalt geworden, und so wollte sie sich verständlicherweise ins Wärmere zurückziehen. »Weil du's bei mir besser hast, wenn du hierbleibst«, antwortete der Iltis – und zögernd blieb sie. Das wurde ihr recht bald zum Verhängnis. Es brach nämlich über Nacht überraschend der Winter ein, und für den Iltis hieß es, sich auf Nahrungssuche zu begeben, nur – das wollte er nicht gern in der Kälte. Auch waren seine einladenden Worte an die Spinne, es bei ihm besser zu haben, nur wieder eine Ausrede, denn – und das geschah im nächsten Augenblick – er fraß die Spinne, das hilfreiche, jedoch niedrigere und hilflose Waldtier, auf, welches nicht wußte, wie ihm geschah. Die bescheidene Spinne – sie mußte also doch ihre Hilfe gegenüber anderen Tieren mit dem Tode bezahlen.

Was jedoch sagt die höhere Gesellschaft der Waldbewohner dazu? Sie alle wie auch der Iltis waren sich untereinander darin nur einer Meinung: »Spinnen gibt's viele! Was soll's?«

Gift heilt!

D ie schönsten Blumen besitzend, aber auch die giftigste Person vom Walde.« Das sagten sich seine Bewohner und meinten damit die Kreuzotter. – Ja, in ihrem Revier wuchsen die teuersten Pflanzen. Diese jedoch züchtete sie selbst und übertrug ihnen die Aufgabe zu heilen, indem sie ihnen mit ihrem giftigen Zahn in den Stengel biß. Allerdings verwendete sie ihren Zahn nicht minder zum Biß bei Personen, die sie nicht leiden konnte. Davon wiederum versprach sie sich Schaden, was auch eintrat und was sie nur tat, wenn ihr jemand von den übrigen Waldtieren nicht wohlgesonnen war.

Über ihr Revier hatte die Kreuzotter einen klaren Überblick und verfügte über ein reichhaltiges Sortiment von Pflanzen; für jeden Schaden ein Heilmittel: Adonisröschen bei zu niedrigem Blutdruck, Maiglöckchen gegen Herzleiden. Herbstzeitlose angebracht bei Gicht, Tollkirsche zur Beruhigung und vieles mehr. Stets, wie gesagt, erst durch ihr Gift heilbar.

So kam es allerdings leider oft zu Komplikationen zwischen ihr, der Kreuzotter, und denen, die einer Heilung bedurften. Es waren nämlich auch Tiere darunter, die ihr nachsagten, einen giftigen Charakter zu besitzen, weil sie angeblich mit ihrer Empfindlichkeit übertrieb. Das mochte stimmen oder auch nicht – sie, all die Waldbewohner, waren nun einmal gezwungen, sich mit ihrem Weh und Ach an sie zu wenden. Von ihr nur waren sie abhängig; und so berieten sie, indem sie sich um das Revier der Kreuzotter versammelten, wie man ihrer Mittel habhaft beziehungsweise durch diese ebenso bekannt wie sie werden könne. »Man muß nur hinter ihre Methoden kommen, ihr die Blumen wegnehmen und den giftigen Zahn ziehen«, waren sich die meisten Waldbewohner einig, weil sie bei genannten Behauptungen über sich nicht im geringsten mit sich handeln ließ. – Nur die Tiere, welche sich bei ihr bisher nichts zuschulden hatten kommen

lassen, waren für die Kreuzotter maßgebend. Ihnen bot sie Vorrang, und seriös war sie auch. – »Doch nein, dann kann sie ja auch nicht mehr heilen«, kam eine verlegene Stimme aus dem Hinterhalt hervor. »Stimmt«, wurde eine andere Stimme laut, »man muß bei giftigen Personen nur das Vertrauen erwecken, dann kann sie auch heilen.« – »Das ist ja fast ein Widerspruch!« empörte sich jemand von den Großen, Einflußausübenden. »Ein Widerspruch?« kam die betroffene Stimme abermals zu Wort. »Das liegt an der Natur; Sie sehen doch: Gift heilt!«

Daß dieses stimmt, zeigt die Natur noch heute. Viele wollten es der Kreuzotter nachmachen, aber sie ist bis auf den heutigen Tag im Walde die einzige geblieben, welche diesen, natürlichen, Widerspruch ausübt.

Der falsche Kauz

Mehr oder minder hatte im Walde als zur Eule zählende Obrigkeit auch der Kauz, ein Verwandter von ihr, etwas zu sagen; nur mit dem Unterschied, daß er, was ihm andere nämlich anvertrauen sollten, bloß der Eule weiterzusagen hatte. Ansonsten war ihm Schweigepflicht auferlegt. Diesen Platz auf die Dauer einzunehmen gefiel ihm jedoch nicht. Somit verstand er sich weder mit der Eule noch mit der Majestät des Waldes, dem Adler, sondern wollte sich selbst behaupten. Mit dem eidesstattlichen Versprechen riß er kurzerhand die ganze Macht an sich und sagte sich von den beiden los. Auf ihn würde die Waldbevölkerung am ehesten hören; dessen war er sich sicher. Mit suggestivem Reden sei sie besonders zu beeinflussen, und dieses schien ihn auch offenbar tatsächlich zu einem Magnet werden zu lassen. So lautete seine Parole: Ein echter Waldbewohner achtet darauf, daß er normal ist! Ein echter Waldbewohner achtet auf seinen Verstand!, und dazu ließ sich jeder nur ungern ein zweites Mal ermahnen. Nein – es ist in der Beziehung keinem etwas Schlechtes nachzusagen. Sie achteten alle – das heißt fast alle – darauf, der eine mehr, der andere weniger. Nur ein paar bemerkten, daß der Kauz voll von Falschheit war. Was jedoch machte das bei einer so großen Tierbevölkerung schon aus? Zum großen Teil wurde entweder der, welcher sich zuviel Gegenmacht zugemutet hatte, von der Masse gedemütigt, oder er, so die kleine Tiermenge, wagte sich gar nicht erst an die Öffentlichkeit und zählte somit zu den Unterdrückten.

Es sei auch nicht hinter vorgehaltener Hand gesagt, daß der Kauz nicht minder starke Untertanen hatte, die ihm voll und ganz zur Seite standen: die Raubvögel wie Habicht, Bussard, Falke, Sperber … Durch sie wurde die Regierung erst komplett. Gesetze schafften diese, wie sie ihnen gerade nötig erschienen, meistens jedoch ungerecht wie folgt: Da ließen sie den Waldstaat

arbeiten bis zum Gehtnichtmehr, gründeten Vereine zur angeblich sinnvollen Freizeitbeschäftigung und legten übertriebene Märsche zurück. Diese Tiere allerdings, welche dazu unfähig waren oder es dadurch wurden, ließ man zu Tode verurteilen; und an Kranken beziehungsweise Lebensuntüchtigen gab es nicht wenige im Wald. Zum Beispiel wurden an Tollwut Leidende auf Anordnung des Rates erst gefoltert und dann ertränkt. Jenes Gewässer trug bereits den Namen »Totensee«, weil dort kein Tier zu leben vermochte auf Grund der enthaltenen Gifte. Deshalb war es für solche, die dem Regime zur Last fielen, nach dessen Meinung der geeignetste Ort. Es solle eben, wie es von höchster Stelle zur Regierungszeit des Kauzes hieß, wieder Ordnung im Walde geschaffen werden. »Ein Heil dem Kauze«, hieß der Gehorsam versprechende Satz eines jeden auf jegliche Verordnung, besser gesagt: So erwiderte man offiziell … So wußten schließlich selbst die Tiere untereinander nicht mehr, wem sie noch vertrauen könnten.

Auch das Essen war knapp; jedenfalls für die allgemeine Bevölkerung im Walde. Was nämlich die Raubvögel, die Anhänger des Kauzes, zu fressen bekamen, war klar: Ihr gefundenes Fressen bestand – man soll es nicht für möglich halten – aus all den Tieren, die sich durch irgendein falsches Verhalten, meistens unwissend, angeblich strafbar gemacht hatten. Damit das jedoch auch geschieht, wußten sich die damaligen Gesetzgeber auch darin einen Rat: Sie änderten dazu ständig über Nacht ihre Gesetze. Gleichzeitig allerdings wurde den jüngeren Generationen der Zwang auferlegt, Nachwuchs herbeizuschaffen …

… und so gäbe es noch viel Unwürdiges zu berichten, dessen Ende erst nach dem Tode des falschen Kauzes langsam abzusehen war und durch einen Putsch auf die Regierung durch mutige Waldtiere diese restlos zu Fall gebracht wurde. Die Erinnerung an jene Zeit ist keine schöne. Die den Frieden verkünden sollende weiße Taube, welche von jenen Helden über den Wald ausgesandt wurde, hatten leider nicht alle sofort zu Gesicht bekommen. Da ist es schwer, jedem von den noch Zweifelnden den Frieden endlich glaubhaft zu machen …

Gewußt wie ...

Ein besonderer Fall erregte einst die Gemüter bei Gericht und der Waldbevölkerung. Also war man sich einig, daß auch ein somit besonderes Urteil gefällt werden mußte. Wer jedoch sollte dafür schon zuständig sein? – So entschied sich nach langem Debattieren der Rat für den Raben; und jener besondere Fall, über den dieser zu entscheiden hatte, sah folgendermaßen aus:

»Früchte, weil sie zu billig sind und deshalb nicht mehr verkauft werden, sollen fortgeworfen werden, so daß sie verderben? Nein, da muß ein armer Familienvater zugreifen, um sie vor dem Verderben zu retten!« sagte sich das Kaninchen, welches für Frau und Kinder auf Futtersuche war. Es galt jedoch als Diebstahl im Auge des Gesetzes, was auch das Kaninchen wußte und sich ängstlich in alle Richtungen umsah. Jedoch entging jene Tat aufmerksamen Passanten nicht, und so stand es vor dem Raben ...

Als Freund frischen Fleisches war im Walde die Wildkatze der Allgemeinheit bekannt. Ihr machte es nichts aus, beim Fang entdeckt zu werden. Sie hatte immer eine Ausrede parat und keine Furcht vor dem Raben hoch auf dem Baum, den sie hätte fressen können, wie kurz vorher ein Rehkitz. Somit zählte auch ihre Tat als Verstoß, denn die Waldbewohner fanden, das sei Mord. Selbstsicher stand sie nun dem Raben gegenüber ...

Das Wildschwein dagegen hatte den raffiniertesten Einfall: Zwar im Gegensatz zum Kaninchen und der Wildkatze gleich zwei richtige Straftaten begangen – Diebstahl, indem es illegal fremde Bucheckern sowie Eicheln sich zu eigen machte, und Mord, als es eine sich sicher geglaubte, dahinträumende Eidechse, diese überraschend, fraß – nahm es jedoch vorher Rauschgiftblätter zu sich. So mußte sich auch das korpulent gebaute Wildschwein vor dem dagegen so schmächtigen Raben verantworten ...

Dieser las fünf Minuten Wissenswertes in seinem Fachbuch

nach und begann dann erhobenen Kopfes mit dem Verhör. Zuerst war da das Kaninchen. »Ist Ihnen klar, einen Diebstahl begangen zu haben?« fragte der Rabe dieses in knappem Ton. »Nein, Herr Rechtsprechender, die Ware drohte schlecht zu werden«, antwortete das Kaninchen ganz selbstbewußt. Unter den Zuschauern der Waldbevölkerung ging ein Flüstern um.

»Nun sind Sie, verehrte Wildkatze, an der Reihe«, sprach, sich durch nichts irritieren lassend, der Rabe weiter. »Sind Sie sich dessen bewußt, einen Mord begangen zu haben?« – »Nein, Herr Rechtsprechender«, erklärte die Wildkatze, »das Rehkitz, das ich fraß, wollte ja wegen seines gebrochenen Beines nicht mehr leben, und vor solch einem Dasein wollte ich es bewahren!« Abermals ging ein Raunen durch die Tiermenge, von der einige sogar laut zu schimpfen anfingen. »Ruhe!« befahl der Rabe vom Baume herab und zum Wildschwein gewandt: »Und nun kommen wir zu Ihnen, wertes Schwarzwild! Ist Ihnen bekannt, gleich beides – Diebstahl und Mord – begangen zu haben?« – »Jawohl, Herr Rechtsprechender«, sagte das Wildschwein selbstsicher. »Und was für ein Argument hätten Sie dafür?« fragte der Rabe weiter. »Daß ich vorher ein Rauschmittel zu mir nahm!« begründete das Wildschwein seine ihm zur Last gelegten angeblichen Straftaten.

»Dieses verdammte Borstenvieh!« machte sich jemand von den Zuschauern Luft, und mit ihm fingen alle an, wurde es immer unruhiger, kam es zu einem Tumult. Der Rabe jedoch, sich durch nichts aus der Fassung bringen lassend, verkündete nun auch zu jenem besonderen Fall das besondere Urteil: »Keiner wird bestraft! Sie wußten sich alle drei zu helfen!«

Somit erhielten die Amtsherren vom Raben ihre Befriedigung, mochten die Leute der Waldbevölkerung auch für einen Aufstand sorgen. – Schließlich war es ja des Raben erster und letzter Gerichtsbeschluß zugleich …

Gut Lachen hatten nur die drei Übeltäter! Sie waren die Glücklichsten!

63

Ameisen –
nur ein Zwergstaat?

Wie allgemein behauptet wird, sind Zwergstaaten von größeren Staaten abhängig. Im Walde waren es die Ameisen, über die jene – sinnlose – Behauptung herniederfiel. Wer nämlich von den Waldbewohnern einmal ihr Leben studiert hatte, mußte ihren Staat als Beispiel vorzüglicher Lebenskunst an die anderen Tiere weitergeben. Leider jedoch wußten noch zu wenige davon, und so beriet man bei den Ameisen untereinander, wie dem abzuhelfen sei. »Bauen und sich vermehren«, hieß es einstimmig bei den roten Waldameisen. Skeptisch stand man als fremdes Tier diesem Entschluß gegenüber. »Wovon denn bauen?« meinten diese. »Wenn wir uns verbreiten und somit auch außerhalb unseres kleinen Platzes hier im Walde bewegen dürfen, wollen wir es gern beweisen«, war die Antwort der Ameisenmenge. Gern sähen sie, die andern Tiere vom Walde, es nicht, hieß es; weil sie es jedoch nicht glauben konnten, sagten sie eben jenem Vorhaben entgegen ihrem Glauben einfach zu. Die Ameisen, die sich dieses nicht zweimal sagen ließen, begaben sich spontan an die Arbeit, das heißt daß sie weite Wege zurücklegten, um fleißig zu sammeln, was ihnen für ihren Bau als geeignet erschien. Hauptsächlich waren es Tannennadeln.

»Das hat ein gutes Aussehen, die Tiere sind besser, als wir dachten«, sagten sich plötzlich die Waldbewohner untereinander. »Die helfen uns ja sogar regelrecht ungewollt. Bei denen wird doch keiner arbeitslos!« – »Dabei sind die roten Ameisen hier im Walde doch nur ein Zwergstaat«, kam die kritische Bemerkung der Tiere, welche sahen, wie schnell der Bau der roten Waldameisen wuchs. »Wir sollten ihnen auch etwas zum Essen anbieten«, hieß es von gutmeinenden Tieren. »Aber nur Abfall!« wurde eine spöttische Stimme unter der zuschauenden Tiermenge laut, die den fleißigen Ameisen offenbar nichts gönnte. »Das werden wir sehen«, entgegnete das Tier, das zuvor gesprochen hatte, und so murmelte man unter den Waldbewohnern über die von ihnen bezeichneten Gastarbeiter, die viel Arbeit verrichteten, vor der sich die meisten Waldbewohner scheuten.

Langsam jedoch kam es schon von selbst, daß die überwiegende Mehrheit der Tiere im Walde mit den roten Ameisen zufrieden war, so daß sie ihnen auch eine große Anzahl Rechte einräumten. Selbstverständlich hatten sie ebenso inzwischen freie Nahrungswahl.

Jene sogenannten Gastarbeiter sind auch kein üblicher Staat auf Grund anderer Lebensansichten im Gegensatz zu den übrigen Waldbewohnern, unter anderem indem sie weibliche Ameisen arbeiten lassen. Jawohl, es muß betont werden: Arbeiterinnen, wegen diesen sie als Arbeiterstaat gelten, und zwar als ein seriöser. Ebenso sind sie nützlich, weil sie auch Schädlinge fressen.

Nachdem von den Waldtieren festgestellt wurde, wie schnell solch ein Bau doch entsteht, stellten sie ihnen weiteres Baugebiet im Walde zur Verfügung. Da schadet es nicht, wenn zuweilen einer ihrer Wohnhügel zerstört wird von Feinden; traurig ist nur der Verlust ihresgleichen. Aber ihr Glaube, bauen und sich vermehren, sind Realitäten; und was noch erwähnenswert ist, ja, gesagt werden muß: Jeder Bau hat inzwischen auch eine Königin, welches durch die einzige des ersten Baues bis auf den heutigen Tag bei den roten Waldameisen Tradition ist. Auf Grund einiger Gegner und trotz, daß sie unter Naturschutz gestellt sind, bekommen jene Feinde möglichst Tote oder, was auch bei einer großen Ameisenschar nicht ausbleibt, solche, die sich durch falsches Verhalten – sei es bewußt oder unwissend – zum Beispiel das unnötige Spritzen ihres Giftes, strafbar gemacht haben. Wer dagegen eine makellose Waldameise von den andern Tieren frißt, muß sich ebenso dafür verantworten. Es hat nämlich manchmal den Anschein, als wenn die Gastarbeiter langsam den Wald zu sehr zu ihrem Eigentum machten nach Meinung der Waldbewohner. Dieses jedoch durch sogenannte Dienstausflüge der Königinnen bei den verschiedenen Oberhäuptern mit denen besprechend, läßt ihre sich meistens doch im Wohlwollen von guten Taten zeigenden Arbeiterinnen wieder zuversichtlich sein. Dazu sei noch gesagt, daß sie nie Soldaten benötigen, was um so vertrauensvoller die Waldbewohner gegenüber dem somit nur weiblichen Adel macht, das heißt dieser jenen eventuell nicht ungefährlichen Beruf ausübt. »Unsere Männer sterben alle den freiwilligen Tod. Wer es beobachten will, kann unserem Hochzeitsflug zuschauen«, ist immer wieder die Rede der Königinnen. – Kurz gesagt, jene Ameisen im Walde sind von nicht geringer Qualität.

Von Zwergstaat jedoch kann schon lange keine Rede mehr sein, wer sich vom Leben der roten Waldameise überzeugt hat. – Meine Anerkennung! – Ameisenstaat, bleib, wie du bist!

Die Schnecke

An einen der südlichsten Zipfel des großen Waldbereiches grenzte ein Weinberg, welchem sich wiederum ein hundertmal kleinerer Waldteil im Gegensatz zum Walde selbst anschloß. Dieser Teil allerdings war Bewährungsstätte für Straffälliggewordene an Waldtieren.

Um jedoch von einem der Straftäter zu sprechen, muß zuvor auf etwas Typisches der Waldbevölkerung hingewiesen werden: Im gesamten Walde pflegte man Wichtigkeiten durch an Bäumen aufgehängte Schilder zu kennzeichnen, sei es etwas mit »Bekanntmachung ...«, »Achtung! ...«, »Vorsicht ...« oder auch, wie in folgendem Fall mit »Warnung! ...« vorweg an den Leser Gerichtetes.

Es geht hierbei nämlich um die Schnecke, die sich betreffs Diebstahl an fremden Beeren und Pilzen strafbar gemacht hatte und nun hinter dem Weinberg mit dem Büßen dafür die längste Zeit verbracht hatte. Hierzu sei gesagt, daß alljährlich zur Sonnenwende eine Amnestie an sich offenbar Bewährthabende erlassen wird. Zu diesen Tieren zählte auch sie, die Schnecke. Mit zehn anderen Personen erhielt sie die Freiheit wieder und alle freuten sich, indem jeder, so schnell er konnte, um den Weinberg herum – wohlgemerkt, über ihn durfte man nicht – nach seinem Zuhause eilte. Dieses dauerte unterschiedliche Zeit, je nachdem, wie weit es jeder hatte, begleitet von neugierigen Spatzen am Himmel, welche jede Neuigkeit sofort im ganzen Walde verbreiteten. Dadurch waren sie bekannt.

Somit zog auch die Schnecke ihres Weges, aufmerksam alle Schilder lesend ... An unbedeutenden Bekanntmachungen vorbei begann es jetzt auf einmal kritisch zu werden: »Achtung! Brennesselbusch!«, »Vorsicht! Tückischer Lehm!« oder, als sie vor ein Dickicht geriet: »Warnung vor Überfall! Jedes Opfer selber schuld!« Vorsichtig passierte die Schnecke dennoch die nur schmale Rille mit dem Gedanken, ihr, als dazwischen kaum sichtbarer Passantin, könne doch nichts zustoßen. – Sie hatte, worüber andere Tiere staunen würden, auch tatsächlich Glück gehabt, hörte jedoch nach Verlassen jenes fast undurchlässigen Gestrüpps und bereits ein neues Schild betrachtend, noch schwach aus dem Hintergrund die Stimme eines Tieres ertönen, daß es eigentlich berechtigt sei, sie zu überfallen, weil dieses das zuvor gesichtete Schild aussage.

Ja, da hatte die Schnecke wirklich Glück, und schon las sie auf neuem Schild, nun auf ihrem Wege abgekämpft und ratlos am Weinberg angelangt, etwas ähnliches wie auf zuvorigem: »Warnung vor Einbruch! Wer seine Gemächer nicht verschließt, trägt bei fremdem Eindringen selbst die Schuld!« Die Schnecke dagegen, abermals eine Chance sehend, sah das offene Tor vom Weingarten, überlegte nicht lange und zog sich auf jenes relativ große Gut, wonach sie nun selbigen Durchgang mit ihrem Schleim von innen verschloß.

Doch auf einmal pfiffen es die Spatzen vom Weinberg herab, und Spatzen reden nun einmal, wie ihnen der Schnabel gewachsen ist. Ja, Spatzen reden die Wahrheit: »Die Schnecke hat ihr Ziel erreicht!« Dagegen die anderen Strafverbüßer – sie bewegten sich zwar schneller vorwärts, waren aber noch längst nicht um den Weinberg herum und somit nicht zu Hause. Diese sowie die Waldbevölkerung, einschließlich derer, welche die Schnecke als bewährt entließen, trauten ihren Ohren und wer es sehen konnte, seinen Augen nicht. Die Schnecke jedoch weigerte sich, das Weingut wieder zu verlassen, indem sie jedwede Behauptung einer damit begangenen Straftat verwarf. Sie machte lediglich auf das vor sich angebrachte Schild aufmerksam, von diesem schließlich Gebrauch zu tun, ihr gutes Recht sei; heimlich an ihre erste Chance vom gewarnten Überfall denkend und es besser machen wollend …

Solange jedoch die erhitzten Gemüter auch noch so darüber rätselten bei gleichzeitiger Schildbetrachtung, inwiefern unsere Schnecke eine Straftat begangen hat, bleibt sie auf dem Weinberg wohnen und hat schon eifrig für Nachwuchs gesorgt. – Daher also die Weinbergschnecken …

Jeder versteht sein Recht anders

Tiermarkt

Wacholderschnaps! Waldmeisterschnaps! Schlehenschnaps!« – Ja, nicht lesen und nicht schreiben könnend, aber rechnen ... Das Geschäft der »Schnapsdrossel« – eine von vielen Drosseln – florierte. Sie konnte sich nicht beklagen! Zu ihrem Marktstand kamen die meisten Waldtiere. Dagegen war es bei andern entweder saisonbedingt oder es ging nur mit viel Not und Mühe das ganze Jahr hindurch, um sich über Wasser zu halten.

Daß Kräuter im Sommer billiger waren, verstand jeder Waldbewohner und sorgte dementsprechend vor. Das war eigentlich auch schon alles, warum sie zum Markt gingen. Alles andere war zu speziell: Zum Beispiel konnte der Seidenspinner nur durch die Motten existieren; oder was die Saison betrifft, verdiente sich die Spinne hauptsächlich im Sommer ihren Lebensunterhalt durch Einfangen von Ungeziefer, je nachdem, wen es gerade befiel, falls sie nicht auch von selbst ein Netz spann. Für den Winterschlaf hatte auch sie vorgesorgt. Das Glühwürmchen, auch Leuchtkäfer genannt, hatte es dagegen etwas besser, indem es im Winter sich noch öfter als Begleitlicht anbieten konnte. Nur – für einige Tiere war es doch ein recht harter Job, sich durchzubeißen.

Schließlich galt jemand als besonders helle. Er auch hatte offenbar hierbei wieder eine hilfreiche Idee: Es war die bekanntlich glänzende Schätze liebende Elster. Ihre relativ nahen Verwandten setzte sie davon in Kenntnis. Dieses wiederum waren die Nebelkrähe, die Saatkrähe und die Rabenkrähe. Es hieß, schlecht ergangen sei es ihnen hiermit die längste Zeit. So wie die Schnapsdrossel könnten sie auch leben, wenn nicht noch reicher werden als diese.

Die Prominenz ist manchmal etwas eigenartig in ihrem Denken und Handeln; dem einen fehle es hieran, dem andern daran, meinten schon immer einzelne Außenstehende der Waldbewohner, so wie die Elster. Man müsse diese vornehmen Leute einmal heimlich beobachten, und dieses taten die drei Krähenvögel mit ihrem als doch ziemlich ehrlich geltenden Händler, der Elster, auch wenn sie alle wie die Schnapsdrossel weder lesen noch schreiben konnten. Also begaben sie sich zu den Goldbergen, wo die Prominenz zu wohnen pflegte, und legten sich auf die Lauer.

Und siehe da: Das Hermelin klagte über sein Alter und meinte, ein Verjüngungsmittel müsse her. »Wie jedoch kommt man dazu?« war sein fast tägliches Klagelied. »Dem kann abgeholfen werden«, sagte sich die Nebelkrähe und flog zur Elster zurück, um ihr dieses zu berichten. Der Salamander bildete sich ein, der Glanz seines Panzers sei nicht mehr derselbe, und er fragte sich: »Woher nur bekommt man solch eine Politur?« Dieses merkte sich die Saatkrähe und verschwand eilends: »Damit kann ich dienen!« Als Pfau, meinte selbiger, bedürfte man für seine schmucken Federn, besonders, wenn man ein Rad schlägt, auch eines besonderen Duftes. So sah die fixe Idee jenes üppigen Vogels aus. »Was aber käme dazu für mich bloß in Frage?« lautete sein offenbar gegen sich selbst erhobener Vorwurf. »Daran soll es nicht fehlen«, waren die Worte der Rabenkrähe, welche wie die beiden anderen dieses umgehend der Elster, ihrem als klügsten und besten Helfer geltenden Vogel, mitteilte.

Jedem ein Rezept verpassend, schickte sie jene drei schnellstens wieder zu ihrem Standpunkt zurück, und das sah folgendermaßen aus: Das Hermelin erhielt von der Nebelkrähe als Verjüngungsmittel einen sogenannten »Ungeziefersalat« aus ihrem Sammellager dargereicht. Entzückt ob solchen Angebots nahm das Hermelin jenes dankend entgegen. Der Salamander glaubte nicht richtig gesehen zu haben, so erfreut war er, als er von der Saatkrähe für seine Politur einige Pfunde Kiefernharz gegen seinen angeblich brüchigen Panzer erhielt. Der Pfau war ebenfalls außer sich, als er von der Rabenkrähe einen Strauß Maiglöckchen mit Bucheckern empfangen sollte. Damit solle er sich eine Salbe zurechtmischen, hieß es, die für einen betörenden Duft seiner Federn sorge.

Allerdings: An keinem der drei Mittel war etwas Wahres dran, welches nicht die Prominenz, wohl aber das Krähentrio und vor allem die am meisten davon profitieren wollende Elster, sein Helfer, sehr gut wußten. Der Clou jedoch war, daß sie alle zehnmal soviel wie die Schnapsdrossel an Gulden von den Goldbergen jener Reichen bekamen, so daß sie zu ihren Lebzeiten genug hatten. Auch wenn ihnen das Lesen und Schreiben weiterhin fremd blieb – der Dank der für alle drei Scharlatane sprechenden Elster an die obere Schicht blieb nicht aus; sie, als die Klügste geltend, sagte: »Wir wissen, daß wir dumm sind, aber wir freuen uns über jeden, der dümmer ist als wir, aber es nicht weiß.«

Gebrüder Hase

E s gab im Walde einst ein Hasenpaar, das sich zusammentat, um für Vermehrung seiner zu sorgen. So brachten beide also auch zwei ihresgleichen zur Welt. Dann schließlich wurden diese aufgezogen, bis sie groß waren. Als Eltern jedoch waren sie, wie es sich gehört, besorgt, wie ihr Hasennachwuchs nun allein mit sich klarkomme, bevor sie sich alle vier voneinander trennten, und das sah folgendermaßen aus: Der eine sollte ein großes Waldrevier mit Kohlanbau erben, obwohl er ansonsten dumm war, und wurde von ihnen »Frohreich« genannt. Dagegen war der andere Hase klüger, ja, schon früh entwickelt und erhielt daher den Namen »Frühreif«.

Jedoch war im allgemeinen auch bekannt, daß Hasen nun einmal Einzelgänger sind; und so sahen sie, die Eltern, der schließlich einmal stattfindenden Trennung mit gemischten Gefühlen entgegen … »Sollen sie sorgfältig mit sich umgehen«, war also alsbald das einzig Passende, was sie letztendlich beiden an abschließenden Worten nur noch mit auf den Weg geben konnten. Somit trennten sich ihre Wege.

Wie es beiden erging? Nun, Frohreich konnte auf seinem Revier bald eine eigene Firma errichten, in welcher er ein gutes Dutzend angestellter Tiere quer durch den Wald beschäftigte. Frühreif dagegen hatte schon frühzeitig einen Scharfblick für Wirtschaftswissenschaft und war auf Grund dessen im ganzen Walde bekannt. Nur – wollte er endlich eine feste Bleibe finden, denn er war allmählich des vielen Wanderns müde geworden. Lange war er auf der Suche. Schließlich erfuhr er betreffs seines Bruders, daß dieser langsam all seine Arbeitskräfte verliere und sich nicht mehr zu helfen wisse. Ja, der Frohreich genannte Hasenbruder kam gegen das nachlassende Wachstum und Verwildern seines Kohlfeldes, welches dadurch nicht mehr viel hergab, nicht mehr an. Auch die Anzahl der Schädlinge war zu groß, als daß es noch hätte weiter bearbeitet werden können. Illegal fraßen sie, was sie nur konnten, und durch gutes Zureden sich vertreiben zu lassen, dazu waren sie zu hartnäckig und blieben, wo sie waren.

Was aber sollte man tun, wenn man sich gegenseitig schwor, auseinanderzugehen, um Einzelgänger zu bleiben? – (Was für ein Aussehen Realitäten jedoch manchmal haben, gab es auch dafür offensichtlich eine seltene Begebenheit, welche Gebrüder Hase zwar plötzlich voneinander abhängig werden und doch – und das zu beiderseitiger Zufriedenheit – Einzelgänger bleiben ließ.)

Für Frühreif, sich seines Erfolges gewiß, war es eine Kleinigkeit, auf dem Gebiet, wo er schließlich sein eigentliches Zuhause hatte, eine passende Lösung herbeizuschaffen: Er riet deshalb seinem Bruder vom Kohlanbau ab und empfahl durch Erfahrungen, die er im Walde gemacht hatte, jede Sorte Rüben anzubauen. Dieses ließ jene Schädlinge bei Kahlfraß des Kohlfeldes entweder sich anderweitig Nahrung besorgen oder aber ansonsten sterben. Dagegen unterhalb des Erdbodens ließ der Anbau von Rüben bei weitem nicht so viel Schmarotzer zu.

Schon bald konnte man sehen, daß der Vorschlag, das heißt das Feld, Früchte trug, die sich sehen lassen konnten zur bevorstehenden Erntezeit. Da konnte Frühreif wie auch Frohreich stolz sein – beide gegenseitig! Ob ansonsten jedoch noch weiteres Personal von Waldtieren eingestellt werden sollte, ergebe sich noch früh genug, hieß es bei den Hasenbrüdern. Seinen Bruder Frühreif jedenfalls wollte Frohreich nicht mehr missen, und dieser war zutiefst davon angetan, endlich eine bleibende Stelle gefunden zu haben. Prompt hieß sie nicht mehr »Firma Frohreich«, sondern »Gebr. Hase«; und doch ging privat jeder seinen eigenen Weg, denn keiner will im Wege des anderen stehen.

Drum – weil es noch weitere Einzelgänger unter den Waldtieren gibt: Unsere Waldbewohner, die Hasen, haben einen Kompromiß geschlossen, welcher so aussieht, wie soeben berichtet ...

»Und was für ein Aussehen«, so fragen sie sich, »hat das Einzelgängerdasein bei den anderen?« ...

Ein – fast verlorenes – Glück!

Daß der Phantasie keine Grenzen gesetzt sind, scheint sich in den verschiedensten Berufen niederzuschlagen, wo es sie nicht geben dürfte. So auch kannten die Waldtiere hoch droben auf dem am Walde angrenzenden Berg einen neunmalklugen Bewohner dessen …

… Wieder einmal sah es das Murmeltier als seine Pflicht an, jemanden auf Grund einzelner Bestandteile zur Rede stellen zu müssen, und wieder einmal hatte es das Aussehen, als ob es den zu seinen Patienten Zählenden deshalb bei weitem überragt. Seinen täglichen Gepflogenheiten sei darum einmal zugeschaut:

Diesmal hat es der sich aus selbigem Grund auch Psychiater nennende auf das Stachelschwein abgesehen. Sich auch hierbei in die kleinsten Privatangelegenheiten einmischen wollend, bestand er zunächst einmal darauf, diese zu erfahren. Als jedoch das Stachelschwein sich weigerte, begründete der angebliche Psychiater dieses mit seinen bisherigen Erfolgen auf dem Gebiet des Redeflusses der sich ihm gefügig gemacht habenden angeblichen Patienten. Empört über dessen Verlangtes antwortete das Stachelschwein: »Das geht Sie nichts an!« und schon auch fällte das Tier von Psychiater seine erste Diagnose: »Sie sind so von sich eingenommen, daß Sie keinen Respekt vor höheren Personen haben!« Ihm habe jener Patient sich zu beugen, weil er selber sich schon einige Anerkennungen verschafft habe. Da konnte das Stachelschwein jedoch ebenso von sich aus ruhigen Gewissens sagen, auch dieses genieße hohes Ansehen; und als es dennoch auf seinem Recht der Verschwiegenheit bestand, ordnete das Murmeltier kurzerhand ein Mittel zur Einnahme an, und siehe da – das Stachelschwein beantwortete lückenlos und wahrheitsgetreu alles, was das Murmeltier von ihm wissen wollte.

Weil unser Stachelschwein seinem Gegenüber erzählte, einen Traum gehabt zu haben, in dem es Ruhm für sich vorausgesehen habe, meinte selbiger Psychiater, das Stachelschwein leide an krankem Geltungsdrang. Als gar jener angebliche Patient noch sagte, daß er für sich nur eine hohe Adelsperson zum Partner auserwählt habe, fiel das Murmeltier aus allen Wolken: »Sie leiden ja an Größenwahnsinn. Dem muß sofort abgeholfen werden!« – und es überlegte wie. »Damit Sie wieder auf den Boden der Tatsachen zurückkehren, ordne ich eine Entwöhnungstherapie für Sie an«, wußte der sich in stetigem Fleiß sehen wollende Psychiater hierbei Rat. Das arme Stachelschein, nicht wissend, wie ihm geschah, veränderte sich jedoch vorher alsbald noch in ein gefährliches Lebewesen und drohte nun, diesem seine Rechte verletzenden energische Stiche mit seinem aufgespreizten Stachelkleid zuzufügen. Schließlich wollte jener angebliche Psychiater es ja um seine wirklichen, bereits auf das Stachelschwein wartenden Freuden bringen, die dieser unserem scheinbaren Patienten ausreden wollte. »Dann werden wir Ihnen Ihre Rechte aberkennen!« kam daraufhin die Antwort wie ein Hammer auf das Stachelschwein hernieder.

Soviel noch an Unwahrheiten mit Folgen von Ungerechtigkeiten auch das Leben unseres Stachelschweins schreiben sollte ... fast hätte es die Phantasie an Diagnosen des Murmeltiers geglaubt. Sich jedoch ängstlich nach allen Seiten umschauend, ob jemand sah, was mit ihm geschah und noch geschehen sollte, ward es bei einem Blick nach hinten sich seiner wertvollen Person wieder bewußt: Seine gleichgesinnten Freunde und sein von ihnen hochgeschätzter, auf Tannenzweigen getragener Partner von Stachelschwein protestierten energisch gegen das falsche Tun und Treiben des darin dominieren wollenden Wesens von Murmeltier. »Was Sie wollen, ist Realitäten umzustürzen, von deren Glück zu zehren, jedes einzelnen Lebewesens Recht ist und welches jeder allein sich individuell aufgebaut hat. Ihre erzählten Diagnosen sind somit keine, und auch unser Stachelschwein hat sich nichts eingebildet von dem, was Sie ihm auszureden wagten. Vor Ihnen fallen nur die nieder, die Ihnen noch keinen Tag über die Schulter geschaut haben. Aber seien Sie sich dessen gewiß: Wir werden Ihre Kreise aufklären.«

Lange noch dauerte die Auseinandersetzung. Ja, fast wäre das Stachelschwein wirklich krank geworden. Krank durch dummes Gerede von seiten einer nach Geltungsbelohnung ausschauenden Person. Jedoch hatte das – fast verlorene – Glück sein Stachelschwein wieder, und das Stachelschwein machte von dieser Realität vollends Gebrauch. Es nutzte jede Chance, die sich ihm in den Weg stellte, welche aussah wie ein Traum und doch stets eine Realität war.

Das Ergebnis

Wer hat schon etwas dagegen, wenn jemand sich seine Wohnung in einer alten, hohlen Eiche eingerichtet hat?« oder »Weshalb sollte man gegen Nachttiere sein?« mag einem von Waldtieren zu Ohren kommen, von Kreisen, in denen man so lebte. So zu leben nämlich pflegte auch die Fledermaus. Sie jedenfalls respektierte auch Kreise, die nicht aus ihresgleichen bestanden.

Dagegen – daß jeder ein Geheimnis hat, ist doch wohl ebenso gestattet. Zumindest hat ein zufälliger Mitwisser keinerlei Recht darauf, sich nicht nur einzumischen, sondern auch noch obendrein in fremden Gemächern Staub aufzuwirbeln.

Nicht jedoch so dachte offensichtlich ein anderes Tier, welches zu enträtseln zur ungewollten Aufgabe der Fledermaus wurde. Sprach es doch vertrauensselige, das heißt -erweckende Worte zu ihr. Genauer gesagt waren es Fragen, die nach Meinung der Fledermaus nur jemand aus ihrem Verein an sie stellen könnte; und so ging folgendes zügiges Zwiegespräch vonstatten:

»Guten Abend, Fledermaus, was gedenkst du heute nacht zu tun?«

»Meine Gute, einen Rundflug über das Gelände machen.«

Im Glauben, erkannt zu werden, fragte das Tier weiter: »Zum Zeitvertreib?«

»Nein, zum Insektenfangen natürlich.«

»Nur über dein Gelände?«

»Aber nein, ich selbst besitze doch gar kein Land. Mein Zuhause ist doch nur diese alte, hohle Eiche.«

»Du fängst also illegal deine Speise ein?« versuchte das zu diesem Zeitpunkt noch fremde Tier weiter zu fragen.

»Wenn man es so nennen will, wer tut so etwas nicht, um sich am Leben zu erhalten, wenn er arm ist?« so der Fledermaus ihre Verteidigung. »Übrigens bin ich bei Vollmond immer eingeladen.«

»Ach – zum Klatsch und Tratsch mit anderen Nachttieren?«
fragte neugierig das Tier.

»Nun – wie es jeder sieht. Jedenfalls sind an dem Abend nur
wir Frauen unter uns!«

»Um die Männer einmal links liegenzulassen, nicht wahr?«

»Nicht ganz so, sondern wer seinen loswerden will oder dieses
bereits erfolgreich hinter sich gebracht hat.«

»Und letztes trifft bestimmt auf dich zu, oder …?«

»So ist es«, entgegnete die Fledermaus, immer skeptischer
werdend, mit was für einem seltenen beziehungsweise seltsamen Gesprächspartner sie es dort unterhalb ihres Baumes zu tun
habe.

Ein Hinweis: Wie es bei den Tagestieren von den Waldbewohnern allgemein hieß, daß die Sonne es an den Tag bringe, so war
es der ganze Gegensatz bei den Nachttieren vom Walde. Da ist
es der Mond, der mit seiner, und diesmal wieder vollen, Erleuchtung Klärung über die zunehmend unangenehme und ungewisse
Angelegenheit schaffte. Das heißt gegenseitige Klärung für die
Fledermaus und für das allmählich lästig gewordene Tier. Die,
doch offenbar leichtsinnige, Fledermaus, bis zu diesem Augenblick ein ebensolches Nachttier, wie sie es war, vermutend, traute
ihren Augen nicht. »Weißt du eigentlich nicht, wen du vor dir
hast?« funkelte sie böse das neugierige Tier von Schildkröten-
nachwuchs an. »Ach – Sie sind bereits im Erwachsenenstadium?«
erwiderte sorglos die, noch lange minderjährige, Schildkröte,
welche von ihren Eltern Reißaus genommen hatte, um einen
großen Ausflug nachts zu machen anstelle eines sich eigentlich
gehörenden Schlafes.

So beäugten sich beide kritisch; mit einem großen Schreck die
Fledermaus, jedoch gelassen die Schildkröte. Noch ehe Zuerst-
genannte »Unerhörtes Subjekt!« ausgesprochen hatte, zeigte ihr
Gegner bereits sozusagen Panzerundurchdringbarkeit, das hieß,
sich nichts draus machend, und verlieh somit ob solchen doch
relativ ungewöhnlichen nächtlichen Abenteuers seinem Erstaunen Ausdruck mit den Worten: »Solch eine Begegnung erlebt
man nicht oft! Haben Sie sich aber bei mir blamiert!« …

… Das war alles. – Ein Urteil, über das man urteilen sollte …

Auf dem Wege
zum Ruhm

W ie klug muß jemand sein, um zu Ruhm zu kommen?«
pflegte hierzulande im Walde schon in frühen Jahren
fast jedes junge Tier die Erwachsenen zu fragen. »Nun, ja ...«,
versuchen diese jene Frage verschieden zu beantworten. »Durch
Geist«, sagen die einen. »Durch Kapital«, die anderen, wieder
andere meinen, durch Zufall wie als da wäre eine Entdeckung
oder auch eventuell eine Erfindung. Kurzum – wer darauf aus
war, zu Ruhm zu kommen – und das waren fast alle Waldbewohner – ließ sich beim Waldratsamt eintragen, welches aus einer höheren Schicht bestand. Nur diese war dazu befugt, über
verdiente Ruhmesmedaillen der jeweiligen Bewerber von Waldbewohnern zu entscheiden. Das jedoch sollte nicht immer auch
sofort der Fall sein, und so mußte manch ein Tier mehrere Ver-
suche starten, sein Können zu beweisen, um die begehrte Aus-
zeichnung zu erhalten.

Ganz anderer Meinung jedoch waren da die Angehörigen des
Frettchens, das heißt von solchen kann man bei jenem – offenbar doch großes Ansehen genießen müssendem – Waldtier nicht
sprechen. Eigentlich nämlich gehörte es zur Marderart wie der
Iltis oder das Wiesel, welche sich eine höhere Gesellschaft nannten, nur leider nicht gern hörten, ebenso zu den Raubtieren zu
zählen; und das Frettchen sollte zwar ursprünglich als Jagdtier
eine Stellung einnehmen. Die Seinen jedoch, wie es nun einmal
war, lebten nicht mehr, und so war es auf fremde gutmeinen-
de Erzieher angewiesen. Was das Verdienen von Ruhm allerdings diese anging, war von doch relativ großem Unterschied
im Gegensatz zu den zuvor genannten Möglichkeiten bei den
anderen Waldtieren: Sein sogenannter Angehörigenersatz schlug
ihm, dem Frettchen, vor, einfach nur durch »gute Taten« sich zu
Ruhm emporzuarbeiten.

Also half es hier und da und glaubte schließlich nach einer

83

Reihe selbiger Leistungen, sich auf Grund dessen die Medaille nun auch holen zu können. Jedoch ließen sich die Räte darin Zeit, denn immer wieder mußten die Ohren des sich so erniedrigt habenden Frettchens in Empfang nehmen, daß helfender Tätigkeit nicht so schnell ein Medaillenverdienst bevorstehe wie in »allgemein anerkannten Bereichen«. So jedenfalls fand es der Prüfungsrat.

Schließlich eilte bei unserem sich aufopfernden Frettchen statt dessen früh der Tod herbei, was jedoch – nun – noch einmal, diesmal etwas beschämend, jene hohen dafür Zuständigen nachdenken ließ. Dennoch blieben sie betreffs solcher »abweichender Taten« bei einem »Nein«, wenn nicht über Nacht eine Wende eingetreten wäre ... Ein unbekannter Krimineller der Waldbewohner warf die Leiche des offensichtlich ihm schon immer mißfallenden Frettchens in das Wasser eines tiefen Sees vom Wald, auf daß es selbst tot keine Blicke mehr, die positive sein könnten, auf sich zöge, und das ließ das Schicksal zu einem »endlich« kommen, denn ...

... nun wurde der verdiente Ruhm dem sich nur bescheiden gezeigt habenden Frettchen zuerkannt auf Grund eingetretenen Leidens. Ja, Helfen und Leiden will erhört sein. Ja, endlich war der Rat sich seiner Rechtsprechungen wieder froh.

Dagegen der anonyme Täter wurde mit dem Tode bestraft; und das tote Frettchen konnte sich nun freuen: Endlich war es berühmt ...

Erfolg eintägigen Lebens

»Verlassensein? Alleinleben? Etwas sehr Unangenehmes!« mögen sich viele Leute sagen, die mit einem isolierten Leben keine Bekanntschaft machen möchten …

… und doch – bei manch einem Tier scheint dieses nur positive Seiten aufzuzeigen! Erlebt bei den Eintagsfliegen, das heißt einer von ihnen: Nur einen Tag zu leben – damit hatten sie sich abfinden müssen. »Aber wie?« fragten sie sich, sich kaum aus dem Larvenstadium entwickelt und darin sich schon so fett gefressen, daß sie an Nahrung bis zum Lebensabend, ihrem Ende, nichts mehr zu sich zu nehmen brauchten. Sie lebten, die Langeweile ertragen müssend, bis zum Lebensabend bzw. -ende auf ihrem See, der für sie typischen Wohnstätte im Walde.

Weil sie jedoch glaubten, eine ihrer Verwandten habe sich unterentwickelt, verstießen sie sie, was jenen Eintagsfliegen einen Grund dazu gab, sich darüber, wohlgemerkt negativ, unterhalten zu können. Ja, das war die richtige Idee, sich die Stunden zu vertreiben; und so zielte das Gespräch darauf hin, daß die Eintagsfliegen sich mit bösen Wünschen für die ihresgleichen abseits Geborene dort hinten auf dem Schilfkolben satt befriedigen konnten. »Hatte diese Clique auch ja genügend Gesprächsstoff?« mochte ein Beobachter fragen. – Abwarten!

… Abwarten tat auch die abseits lebende Eintagsfliege. Sie hatte nämlich bei ihrer Entwicklung aus dem Larvenstadium nicht genug Nahrung an ihrer Stätte und war daher noch zu gebrechlich, um fliegen zu können. Es dauerte jedoch nicht lange, da kam ein barmherziger Spatz und bot jenem Insekt an, sich auf seinen Rücken zu setzen, um es aufs Festland zu fliegen. Dort, so meinte er, könnte es sich in Ruhe umschauen nach dem, was ihm gefalle.

Kaum im Walde zwischen Gras und Moos gelandet, erblickte die Eintagsfliege einen Tausendfüßler. Dieser, sogleich Durst bei jener vermutend, wies ihr die Tautropfen zu, die sich unter ihnen befanden. Weil allerdings auch der Hunger sich bei unserer Eintagsfliege bemerkbar machte, wollte es das Schicksal, daß alsbald ein Marienkäfer in Erscheinung trat und das leise Klagen von ihr gehört hatte. Somit lud er sie auf eine Wiese ein, wo er ihr auf einem dicken Blütenstiel Blattläuse zuwies. Nun konnte als Folge dargebotener Hilfsbereitschaft unser Gast auch fliegen. Jedoch war die Eintagsfliege von dem Bild, das sich ihr bot, so angetan, daß sie diese für sie doch typische schnelle Fortbewegung auf später verlegte und erstaunt dem Treiben auf der großen Wiese zusah. Das auch glaubte ein Floh, Mitbewohner jener Grünfläche, erkannt zu haben und bot sich der Fliege zu einem Walzer an, dem Flohwalzer, wie er es ihr erklärte.

Langsam allerdings nahte die Zeit des Ablebens der Eintagsfliege immer mehr, und so vermißte sie nur noch eines: die Liebe; nur mit wem sollte sie sich verbinden, wenn ihre Angehörigen sie verstoßen haben? Sollte sich denn darin gar nichts bieten, zumal sie auf Kindersegen verzichtete? – Allerdings – auch dafür war vorgesorgt: Gegen Abend bekanntlich aus der Erde hervortretend, kam ein Regenwurm und gab an, gerade zwar Hochzeit zu feiern, jedoch daß das hintere Teil ihm abgetrennt worden sei. Dieses, meinte er zur Eintagsfliege in herzlichem Ton, wachse auf Grund nur weniger, fehlender Segmente wieder nach, aber vorerst müsse er darauf verzichten. Jenes Teil jedoch lebe noch einige Stunden, deshalb habe er nichts gegen eine Begattung von seiten der Fliege mit selbigem hinteren Fortpflanzungsteil.

Unsere Eintagsfliege jedoch, nun in den letzten Zügen, atmete noch einmal tief durch, ehe sie sich für ihre fünf Gastgeber in einer Laudatio bedankte und für allemal verschied. Ja, sie hatte wirklich jede Darbietung so richtig genossen!

Diesem Treiben ein Ende herbeigewünscht, welches unsere Eintagsfliege erleben durfte, hätten doch zu gern ihre Verwandten. Sie erfuhren es nämlich erst, ebenfalls am Abendende, nach der ihren genossenen Liebesromanze untereinander, wobei sie sich doch nichts Gutes für ihre Angehörige vorausgesehen zu haben erhofften! Daß jedoch ausgerechnet ihnen nicht solch ein Service von seiten der übrigen Tiere zuteil wurde …

… ließ eine nach der anderen unmittelbar in den Tod fallen …

… Verlassensein? Alleinleben? – »Etwas Schönes«, würde jedenfalls unsere glückliche Eintagsgelebthabende sagen.

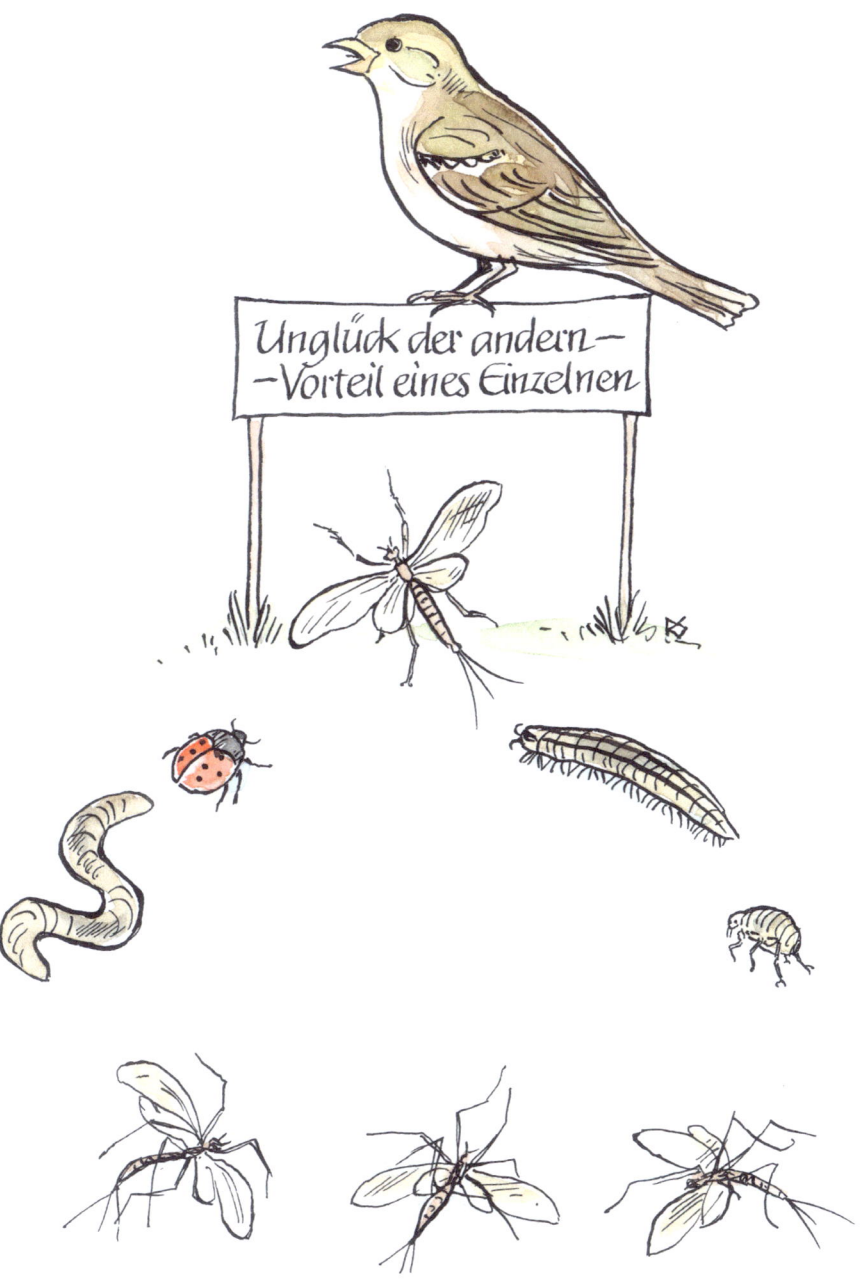

Unglück der andern—
—Vorteil eines Einzelnen

Die Prüfung

Zu den Modernen zu zählen ist offenbar die Leidenschaft vieler, weil sie sich sicher sind, dann von wiederum anderen Modernen auch mehr akzeptiert zu werden, so auch bei der Waldbevölkerung. Wer allerdings den Anfang machte, ist schwer herauszufinden, und so auch sollte als Opfer für diesen übertriebenen Intellekt ein Tier seines Zeichens Waschbär sein. Wenn nämlich jemand Wert auf Sauberkeit legte, so war er es.

Er war gerade in den ersten Jugendjahren, sich seine bleibenden Tugenden anzuzuerziehen, die später »sitzen mußten« und das war vor allem das Nahrung-Waschen; ja, alles, was er sich zu Munde zu führen vorhatte, wusch er vorher gründlichst. Damit jedoch ausgerechnet jenen Modernen einmal wieder einen Grund zur Kritik gegeben zu haben, verwunderte unseren Waschbären sehr, denn entweder bestand dieser Waldtiere Mißfallen daran aus »dieser Waschkerl« oder, wenn der andere Teil sich gemäßigt ausgedrückt zu haben glaubte, aus »Zwangsneurotiker«. Kurzum: Er hatte nun einmal in den Augen jener eine übertriebene Art seines Waschens an sich, und so überlegten sie, wie dagegen anzugehen sei.

»Indem er seine Körperwäsche vernachlässigt, können wir ihm ja unsere Nahrung zum Mitwaschen geben. Dann hat er wenigstens etwas zum Verdienen des Lebensunterhaltes und wir können uns einen Teil Arbeit ersparen«, sagte ein Noch-anonym-bleiben-Wollender von den Neudenkern und zum Waschbären gewandt, jedoch vorläufig noch aus dem Hintergrund hervor, in zynischem Ton: »Wir geben Ihnen hiermit noch einmal eine Chance, bevor wir Sie aus unserem Blickfeld verbannen.« Fremde Nahrung waschen tagein, tagaus? Nein, dieses wollte er nun doch nicht und erwiderte, er wolle dann doch lieber an einer abgelegenen Stelle des Waldes seinen Lebensabend mit Waschen seiner jedoch eigenen Nahrung verbringen.

Jene Stimme der angeblich Moderneren ließ daraufhin auch über Nacht unseren Waschbären an einen großen See des Waldes geführt werden, wo er sich allerdings, nach gründlicher Musterung jenes neuen Reviers, doch allmählich einsam vorkam. Da half auch die reichhaltige Nahrung, derer es dort an Überfluß gab, nichts. »An dieser Stätte ist niemand weit und breit. Wie nur soll man dieses Dasein ertragen? Wie nur kann man dem modernen Intellekt klarmachen, daß er übertreibt?« fragte sich schließlich der Waschbär verzweifelt und ließ es laut im Walde erschallen. – Ob sein Klagen von denen modernen Verstandes gehört wurde? Es sah nach Meinung des Waschbären nicht danach aus. Und doch! – Der Erfolg seines Rufens blieb nicht aus. Nur – so hatte das Tier von Waschbär es sich nicht vorgestellt: Ein ebensolches Tier von Waschbär, wie er es war, stand plötzlich vor ihm und gab ihm zu verstehen, ein Geheimnis lüften zu müssen, womit gleichzeitig sein Dasein im gegenwärtigen Zustand ein Ende haben werde; und so lautete es: »Ich wollte im Zuge der Emanzipation heutigen Zeitalters mir nur darüber Gewißheit verschaffen, ob du auch alle Waschbäreneigenschaften besitzt wie ich, namentlich die Hausfrauenqualität der typischen Nahrungswäsche.«

Verdutzt schaute er – ja, man muß betonen, der Waschbär-Mann, auf. Eine Waschbär-Frau hatte ihm all diese diskriminierenden, zeigen sollenden Beweise der Nahrungswäsche abverlangt? – Jawohl, sie, die Waschbärin, hatte ihn um seinen – also doch gesunden – Verstand gebracht!

»Und was das Heiraten nun angeht – ich bin bereit!« – So jedenfalls redet eine emanzipierte Waschbär-Frau.

Der besondere Fall

Wie es dazu gekommen war, weiß eigentlich niemand so recht: Jedenfalls hieß es nach den Worten von Spezialisten der Waldklinik, die Wasserratte habe sich ein Bein gebrochen und dürfe daher, wenn überhaupt, dann nur mit Hilfe eines erfahrenen Wasserpersonals ins feuchte Element, das heißt, sich nur darinnen tragen lassen; Schwimmen jedoch sei gänzlich untersagt! Welch falsche Behauptung – unsere Wasserratte war nämlich kerngesund; nichts da von gebrochenem Bein oder sonstigem Wehleiden! Verständlich, daß es den irrtümlichen Patienten nun erst recht nach dem Wasser zog, denn Schwimmen war ihm das, was für eine normale, richtige Wasserratte typisch ist neben dem Brot- oder besser gesagt, Nahrungsverdienst. Weil sie jedoch mit ihrem Drängen beim Pflegepersonal nicht nachgab, ordnete dieses an, sich täglich fünf Meter hin und zurück auf dem Rücken sitzend eines der dort üblichen angestellten Fischottern auf dem Wasser spazierenfahren zu lassen. Nur – mit dem Wasser in Berührung kommen dürfe die Ratte nach wie vor keinesfalls.

Auf die Dauer sich damit auch nicht mehr zufriedengebend, sann sie schließlich eines Tages lange darüber nach, was gegen so viel Wahn von geglaubten Heilungskünsten für sie nun zu tun geboten sei. Allerdings, so sehr sie, die Wasserratte, auch überlegte, sah sie als Möglichkeit der Überzeugung, nicht krank zu sein, nur die eines Betruges. Leider!

Eines schönen Tages wieder einmal sah sie sich endlich dazu veranlaßt, die Gelegenheit beim Schopfe zu fassen: Dazu, daß es in der Klinik üblich war, kaum Geheimnisse zwischen Personal und Patienten zu haben, zählte unter anderem auch das Offenstehenlassen von Medikamenten. Es war eben zwischen den Angestellten der Klinik, sei es Arzt oder ihm Untergebenen, und seinen Wehleidenden das Vertrauen gut. Ob eine Kontrolle noch besser wäre, bewegte die Gemüter des Personals nicht, weil es bisher dazu keinen Anlaß gab und sie somit eine angenehme Atmosphäre zwischen beiden Seiten bestätigt sahen. Auch pflegte man, Personal und Patienten, gemeinsam zu Tische zu speisen. Dieses alles jedoch schien unserer als krank geltenden Wasserratte nur recht zu sein, um endlich kriminell zu werden, damit genannter Irrtum aufgeklärt wird. Ihren Platz neben dem sie bisher immer beaufsichtigt habenden Fischotter eingenommen, schaute sie gespannt in dessen Getränkeschale. Dort hinein nämlich hatte die Wasserratte ein Betäubungsmittel getan, welches ja offen dastand und dessen Folgen sich alsbald, wie gewünscht, einstellten.

Dieses hatte zunächst das gewöhnliche Aussehen, indem beide Tiere wieder einige Minuten auf dem See verbrachten. Zur Halbzeit auf jenem Gewässer jedoch schien der Wasserratte die Wirkung des Betäubungsmittels bei dem sie tragenden Fischotter perfekt zu sein, das heißt, dieser nichts mehr auf seiner Haut und somit auch nichts auf dem Rücken spürte. So auch konnte er nicht merken, daß davon die Wasserratte Gebrauch gemacht hatte, indem sie ins feuchte Element gesprungen war und schon einige Runden gedreht hatte, als er, der Otter, von seinen Kollegen schimpfend überrascht, zurück ans Ufer schwamm. »Wo haben Sie unsere Patientin gelassen? Was ist Ihnen in den Sinn gekommen? Sie sind sofort entlassen!« bekam die nichtsahnende Aufsicht von Fischotter an Worten vorgeworfen, welche verwundert auf ihren Rücken blickte. Ja, diesmal war es ein »Fall ins Wasser« mit dem Ausführen der Wasserratte auf dem See; ja, man muß sagen: ein »Sprung ins Wasser«. Das sollte heißen, daß sie schwimmen kann, als wenn es um einen Wettbewerb ginge. Nein, unsere Wasserratte hatte kein gebrochenes Bein; kein Schimmer davon! Dieses endlich mußte nun das gesamte Team, Fachkräfte und sonstiges Personal, einschließlich der neugierigen Patienten zur Kenntnis nehmen. Die Wasserratte war gesund wie eh und je!

Wenn es auch zuerst den gewissen Fischotter hart traf – man hatte ihm ebenso schnell wieder verziehen von seiten seiner Mitarbeiter und Obrigkeit, als man erfuhr, welch einem Betrug er unterliegen mußte: durch die Wasserratte; und diese wiederum durch einen Irrtum jenes Fachpersonals der Spezialklinik für Wassertiere vom Walde.

Ja, wenn man überhaupt von einem Betrug der Wasserratte reden darf, muß man sagen, das ist ein »positiver Betrug«.

Schließlich ist auf ehrlichem Wege nicht immer eine Ungerechtigkeit beiseite zu schaffen. Da hilft nur illegales Recht!

Beschämt und reumütig gaben die Klinikangehörigen der Wasserratte die Freiheit wieder, welche nicht schnell genug aus deren Blickfeld verschwinden konnte. In der Klinik selbst war alles wieder beim alten. Soweit zu denken ist, kam bis heute nichts Kriminelles mehr dort vor. Sie alle von dort entsannen sich jedoch noch lange der Wasserratte, besonders der betreffende Fischotter. Ja, auf seinem Rücken hatte sich der »Fall ins Wasser« zugetragen, der – eben – besondere Fall.

Nichts mehr zu sagen

Wer im Walde sich seine Zukunft voraussagen lassen wollte, der pflegte den Uhu aufzusuchen. Er galt darin als der Zuverlässigste unter den Waldtieren.

Darunter befand sich auch ein nicht gerade seriöser – sondern eher krimineller – Waldtierkreis. Diesem anzugehören hieß, unschuldige oder bescheiden lebende Lebewesen zu verfolgen, um diese um ihre Lebensfreude zu bringen. Es gab nämlich immer wieder Tiere unter den Waldbewohnern, die mit sich und der Welt nicht zufrieden schienen und mißmutig auf die schauten, welche offenbar ihr Leben besser zu meistern verstanden; und so bildeten sie eine Gesellschaft ihresgleichen, deren Mitglieder wie auch der Vorsitzende laufend wechselten. Es blieb in jenem Kreis eben jeder so lange, bis ihm schien, daß er durch ausgeführte Rache Ausgleich für sich geschaffen hat an dem ihm mißfallenden Tier.

So hatte manches Tier auch gleich mehrere Verfolger im Nacken. Auffallend war da der Bilch, den viele Tiere auf Grund oftmaligen und langen Schlafens auch »Siebenschläfer« nannten. Jener Waldtierkreis erfuhr nämlich vom Uhu, bei einer seiner vorsichtig eingeholten Auskünfte sich Gewißheit verschaffend, ob ihnen auch nichts Schlimmes für ihre Untaten von höherer Stelle bevorstehe, daß sie der Siebenschläfer totbeißen werde. »Der hat die längste Zeit gelebt!« sagten sich daraufhin jene dem Kreis angehörenden Waldtiere und eilten, so schnell sie konnten, zu genanntem Tier – ohne abzuwarten, bis der Uhu alles sie angehende ausgesprochen hatte.

Der Siebenschläfer indessen, seine Häscher auf sich zukommen ahnend, wappnete sich mit seinen scharfen Zähnen und drohte, wie vom Uhu vorausgesagt, mit Töten, als auch schon die ersten sich über ihn hermachten. Jedoch – trotz gewaltiger Gegenwehr jenes unschuldigen Tieres, des Bilchs, die unter anderem aus Töten bestand:

Wer schläft, sündigt nicht

Dieser Menge von übermütigen Gewalttätern war er nicht gewachsen und wurde schließlich um sein Leben gebracht. Grundlos, wie doch wohl jeder sieht! Er hatte nichts mehr zu sagen; und was die Mörder angeht ...

... sie hatten in der Eile vom Uhu überhört, ihr Gegner werde sie erst töten, wenn sie sich an ihm vergreifen täten ...